U0666100

体验式教育实践与探索

柳 阳 主编

江苏人民出版社

图书在版编目（CIP）数据

体验式教育实践与探索 / 柳阳主编. -- 南京 ： 江
苏人民出版社, 2025. 7. -- ISBN 978-7-214-30373-8

Ⅰ. G632.3

中国国家版本馆CIP数据核字第2025H8F540号

书　　　　名	体验式教育实践与探索	
主　　　编	柳　阳	
项 目 策 划	凤凰空间／彭　娜	
责 任 编 辑	刘　焱	
装 帧 设 计	张僅宜	
特 约 编 辑	彭　娜	
出 版 发 行	江苏人民出版社	
出 版 社 地 址	南京市湖南路1号A楼，邮编：210009	
总 经 销	天津凤凰空间文化传媒有限公司	
总 经 销 网 址	http://www.ifengspace.cn	
印　　　刷	北京建宏印刷有限公司	
开　　　本	889 mm×1 194 mm　1/16	
字　　　数	217千字	
印　　　张	11.5	
版　　　次	2025年7月第1版　2025年7月第1次印刷	
标 准 书 号	ISBN 978-7-214-30373-8	
定　　　价	68.00元	

（江苏人民出版社图书凡印装错误可向承印厂调换）

编委会
（排名不分前后）

主　编：柳　阳

副主编：杨　华

编　委：李　良　王　乔　邹家欢

　　　　吴忠勇　郭玉娥　吴　迪

　　　　尚建华倩韩乐

序

体验式理念下的普通高中教育范式

美国著名教育家约翰·杜威在其著作《学校与社会　明日之学校》中谈到："在学校里，这些学科中的每一门都被归到某一类去，各种事实是从它们在经验中原来的地位割裂出来，并根据一些一般原则重新排列。把事物归了类，并不是儿童经验的事情；事物不是分门别类地呈现出来的。""已经归了类的各门科目是许多年代的科学的产物，而不是儿童经验的产物。""学习已经变成令人厌烦的同义词，一堂课等于一种苦役。"作为教育工作者，我们理当有所作为。

首先，要打破学科本位主义。在学校里大家可以发现，老师们都认为自己的学科是最重要的，都拼命地向学生灌输本学科的知识，往往以提高学生本学科成绩为目的，从而要求学生背知识、背单词、背公式、背原理，乃至背书上的大量内容等，还不断地让学生大量刷题，搞"题海战"。学科本位主义与课程有关，与考试有关，与对教师的评价标准有关。这是存在一定问题的，例如：没有把学生看成一个全人、一个全息的社会人，从而造成学生"营养不良"，发展不健康、不全面；文理不通，学文科的学生不懂理化，学理科的不通文史；思维单一，只晓得一些书本知识，但不会解决实际问题。

其次，要化解教育的功利化。正如杜威所说的"教育即自然生长"，教育应该是人性化的，应该关注儿童和青少年的心灵成长，破解"唯成绩论"。目前我们国家正在进行教育改革，教育改革的中心环节是课程改革，课程改革的中心环节是课堂改革，课堂改革的中心环节是教师的专业发展。在社会转型期，作为引领学生未来的教师，我们应该有责任心，要能静下心来。除具备职业道德之外，更要学习、掌握、运用好专业技能和专业知识，使教育发挥应有的作用。其中，很重要的一点就是一定要多读书，读好书，多读一些教育书籍，使理论与实践相结合，才能使我们心中理想的"明日之学校"早日得以实现。

最后，要加强情境体验教育。学习是一个体验过程，不是重要结果。杜威提出"教育即生活""教育即生长""教育即经验改造"的理论，他认为人们只有在实际操作环境、作用于环境、控制环境的时候才能获得经验。他在"学校与社会进步"这个章节中写道："为灌输知识而组织的实物教学，不管有多少，决不能代替关于农场和田园的动植物的直接知识，这种直接知识是通过观察动植物的实际生活和照料动植物而获得的。学校中为了训练而设的感官训练的学科，总不能跟从每天亲切有味的普通的职业活动中得来的那种生动的、丰富的感官生活相比拟。"后来美国社会心理学家库尔特·勒温创立的敏感小组理论和敏感训练研究推动了体验式学习应用技术的蓬勃发展，创设了各种各样的任务情景、结构式练习、游戏、角色扮演等训练方法。美国社会心理学家、教育家大卫·库伯的体验学习理论把学习看作是转换体验并创造知识的过程，教师的主要精力应集中于让学生参与教与学的过程之中，而不应过分强调其学习结果，这样才可以最大限度地改善学生的学习方式。

体验式教育强调让学生在实践中学习，是"做中学"与"思中学"的结合，主张教学不仅要传授道德知识，更要在体验中把认知、情感与行动统一起来。教育部门和学校应通过不断优化办学环境，为师生搭建参与体验各种教育教学的平台，让他们在参与中获得积极体验，在体验中感受参与的乐趣，激发他们积极主动参与学校各项教育活动的兴趣。

我国著名教育家陶行知对杜威的理论进行了实践改良，他提出了"生活教育"理论：生活即教育，社会即学校，教学做合一。国内的学者们纷纷提出了类似的看法。我国著名小学数学教学专家邱学华的尝试教育理论提出"让学生在尝试中学习""学生能尝试、尝试能成功、成功能创新"，认为教学过程就是师生共同探究知识的活动过程。体验学习符合大脑接受信息的优先原则，真正实现了意义学习。因此，学校应注意营造人文乐园，重视制度上的情感关怀，加强文化陶冶，丰富生命体验，回归生活世界。具体如下。

一、要培养全面发展的人。教育要面向未来，未来教育是促进人全面发展的教育，要关注人的核心素养，要培养全面发展的人。未来的社会一定是一个高度智能化的社会，我们要培养的不是和机器竞争的简单思维、简单计算的人，而是要培养有智慧、有情感、有深刻的洞察力，能够为自己的生活和社会承担责任，能够解决实际问题的人。这就是我们国家新一轮教育改革强调核心素养的原因。

二、要落实五育并举。要培养全面发展的人就要想办法让五育并举落地生根。五育并举是由中国近代教育家、思想家蔡元培提出的"军国民教育、实利主义教育、公民道德教育、世界观教育、美感教育皆近日之教育所不可偏废"的思想主张。五育并举是中国近代教育史上第一个充分体现社会价值与人的发展价值相统一，追求人的自由、和谐发展的教育思想，对现代的素质教育、培养学生养成健全的人格有着重要的影响。国内一些学者提出了很好的建议，马克思主义教育理论家杨贤江在总结前人的基础上提出新的德智体美劳全面和谐发展的新思想，提出教育与生产劳动相结合是实现人的全面发展的重要途径，整个五育融合过程要贯彻实施到青少年的身心发展和个性特征中。学者李松林提出"全面发展教育的关键在于整合""德智体美劳五个基本面有机统一的发展""学生的全面发展不是德智体美劳五个基本面的平均发展，而是学生在德智体美劳整体发展基础上的个性发展""学生德智体美劳全面培养不仅是开足开齐'五育课程'的问题，更是'五育课程'有机整合的问题"。中国教育科学研究院德育与心理特教研究所所长孟万金撰文指出："根据各校实际，以五育并举思想为灵魂贯串国家课程、地方课程和校本课程的核心，通过对国家课程和地方课程的充实完善、转化改良或专门创建增设五育并举校本课程，逐步建立健全有机统一的德智体美劳五育并举学校课程体系。"学者张迪从"五育融合"的视角出发，构思综合实践活动课程实施策略，以保障课程育人目标的实现，促进学生差异化、个性化发展。

三、在五育融合中实现五育并举。五育并举强调德智体美劳缺一不可，是对教育的整体性或完整性的倡导，五育融合则着重于实践方式或落实方式，致力于在贯通融合中实现五育并举。五育融合课程的构建要满足不同学校学生全面而个性化发展的需求，更具有鲜明的学校特色，不宜盲目照搬套用。与之相应的，在教育理念、管理方法、教学方法方面也应进行调适。

我们学校的教育探索历经 15 年，可以分为四个阶段。

第一阶段：初步探索（2009 年 9 月—2012 年 10 月）。

部分学生对艺体课程感兴趣，学校起步探索，尝试开发相关课程。

第二阶段：体验式德育课程构建与实践（2012 年 10 月—2015 年 6 月）。

针对只注重"智育"，而对德育重视不够、德育方法手段单一、内容脱离生活实际等问题，开展以下探索。

1. 以学生为主体，构建了"三位一体"（学校、家庭、社会）体验德育模式，将体验活动生活化，让学生在体验中感悟成长。

2. 开发了体验式德育课程，让学生在德育课程中认知，在活动中体验，在学科教学中渗透，在校园文化中浸润。

3. 构建了德育工作管理的"多元评价"机制。针对不同年龄段学生的德育目标，将教育目的与学生实际发展水平相结合，尝试德育评价的多元化、过程化和可检测性。

第三阶段：体验式课程构建与实践（2015 年 6 月—2020 年 10 月）。

1. 面对新的课程改革和学校特色化发展的要求，以及学生个性化发展的需要，构建新的课程体系。

2. 通过对国家课程资源和地方课程资源校本化，对校本课程特色化、项目化，丰富校本课程群，适应学生选课需要。

3. 进行了体验式教学实践，提炼形成了学校选课走班策略、体验式活动策略、教学策略、体验式教学评价策略、活动评价策略、学习评价策略。

第四阶段：体验式五育课程融合实践（2020 年 10 月—2024 年 10 月）。

针对五育失衡问题以及学生片面发展问题，开展了"体验教育理念下的'五育'课程融合策略研究"。

1. 构建了"5T"[1] 课程融合的模型，以"一育为主导 + 他育为辅导"的模式，以"一育"带"多育"，对原"五体"课程资源进行整合，将各育有机地融合起来。

2. 进行五育融合育人实践，通过五育融合丰富课程资源，补齐劳育之短板，实行家、校、社一体化，运用数字技术创设教育新场景，赋能五育融合发展。

最终，主要成果体现在以下几个方面：

成果一：以"德"育人，构建了学校体验式德育新模式。

将德育内容校本化，实现了德育课程多样化，丰富了体验式德育的课程内容；德育评价多元化、过程化，具有可检测性。

---

1. "5T"教学模式包含主题探究（Theme exploring）、话题整合（Topic integrating）、文本阅读（Text reading）、任务延伸（Task expanding）和思维训练（Thinking training）五方面。

成果二：课程育人，构建了"5T"课程新体系。

构建了普通高中体验式课程的目标和内容体系，包括德、智、体、美、劳、艺、综合实践等方面; 通过对国家课程资源和地方课程资源校本化, 对校本课程特色化、项目化, 形成系列校本课程群。

成果三：教学育人，构建了体验式教学模式。

通过创设各种情境或运用各种手段模拟情境，让学生在自主学习中体验建构。在师生交流中切磋体验，在课堂教学中渗透体验，在创新教育中体验成功的喜悦。

成果四：五育融合，构建了"5T"课程融合的模型。

对学校的"五体"课程进行整合与融通，使其联通化、综合化。

成果五：体验式五育融合课程的评价体系。

从五育融合的角度设计课程的评价标准，破解单育的线性局限，走向各育的立体多元，追求真善美的和谐统一，美美与共。

在健全人格的基础上，促进学生的全面发展，着力于培养学生的抗挫力、学习力、运动力、审美力、创造力，让个体生命的潜能得到自由、充分、全面、和谐、持续发展，培养有道德、有知识、有能力、和谐发展的"全人"。

目录

第三章　体验式"五育"：高中融合发展之径

后记 体验式教育，让教育自然发生　　　　173

第一章

体验式德育：
高中德育建构之路

第一节
体验式德育的理论背景和价值意义

体验式德育的理论背景深厚且多元，其核心理念源于品德发展的规律。

德育的目的是促进学生的品德发展。一般来说，品德的结构主要包括道德认识、道德情感、道德意志和道德行为。道德认识是个体品德中的核心部分，是学生品德形成的基础。道德情感是产生道德行为的内部动力，是实现知行转化的催化剂。在品德结构中，道德意志起着支撑和调节作用，是道德认知转化为道德行为的关键。道德行为是衡量道德品质的重要标志，是衡量学生品德形成与否的关键要素。

道德行为习惯的养成，与正确的道德认识、深刻的道德情感体验、坚强的道德意志分不开。体验式德育是一种整合式的德育，它囊括了一个人的思想认知、情感体验与行为习惯，涉及认知、情感、意志、行为四种类型的教育。通过创设丰富的德育情境，开展各种德育活动，让学生在切身体验中深化对德育内容的领悟，在情境中唤醒本能的原始情感，进而生成自我独特的道德体验。

体验式德育重在体验，在实践体验中彰显德育价值。杜威的"教育即生活"理念和陶行知先生的"生活即教育"思想，都强调教育应与实际生活紧密相连，教育不应该脱离学生的生活实际，而应该在生活中进行，通过生活中的各种体验来培养学生的道德品质和综合能力。这些观点都为体验式德育提供了重要的理论基础。道德规范等德育内容通过体验的方式加以内化，让德育回归人本身，学生成为教育的主体，是以人为本教育思想的体现。

体验，既要以身体之，更要以心验之，才能触动内心成长。在德育活动中，遵循以学生体验为主的原则，深入挖掘活动中的德育元素，有着丰富而深刻的价值意义。

一、有利于真正实现知行合一，促进学生全面发展

心理学研究表明，人们看到的信息可以被记住10%，听到的信息可以被记住

20%，而亲身经历的信息能被记住 80%。这说明，通过学生的自主体验，能更好地实现内化观念、外化行为的教育目的。

体验式德育能够使学生获得道德认知的提升，使学生在实践中深刻体验道德的内涵和价值，进而形成稳定的道德品质和行为习惯，促进学生在情感、价值观等方面全面发展。

体验式德育还能够使学生在真实的社会环境中锻炼自己的道德践行力。同时，这些活动还能够帮助学生了解社会、适应社会，扮演好社会角色，进而形成健全的人格和良好的行为习惯。如教师带领学生走进社区敬老院，为老人们带去真心的问候，在与老人们近距离的交流中引发强烈的情感共鸣，让他们真切地感受到老人们的内心世界，体会到陪伴的价值和力量。

二、有利于真正提升德育实效，推动德育工作创新发展

体验式德育能启发学生思考、感悟，是情感的内化过程。通过让学生亲身参与实践活动，将道德认知转化为道德行为，情感体验和思维交流的碰撞能激发学生的学习兴趣和求知欲望，提高学生的主观能动性。

这种贴近学生个人生活与现实社会生活的德育方式，能够提高德育的可感度和可信度，使学生更容易接受和理解道德教育的内容，从而有效提升育人质量，增强德育的吸引力和有效性。如学生走进社区，亲眼见证庄严的基层人大代表选举，现场采访社区居民，直接与人大代表面对面，就基层民主选举现状等方面进行调查，对社区提出建设性意见并将其发送至政府为民办实事项目意见征集邮箱。通过这些真实的体验，学生将课本知识转化为强烈的爱国情感，培育了家国情怀和公共参与热情。

综上所述，体验式德育作为一种新的德育模式，为德育工作提供了新的思路和方法，具有重要的价值意义。它不仅能够增强德育的吸引力和有效性，促进学生全面发展，提高德育的可感度和可信度，还能够培养学生的社会适应力和道德践行力，推动德育工作的创新发展。因此，我们应该积极推广和实践体验式德育模式，为培养更多具有高尚品德和综合素质的人才努力。

第二节
体验式德育的本质内涵及实践路径

体验式德育指在实践活动中，通过视、听、参与等手段让学生在亲身感受的基础上，将外界信息内化为自身的道德素养，最终成长为社会需要的人才。

一、体验式德育的本质内涵

体验式德育理念来自杜威的"教育即生活"、陶行知的"生活即教育"等教育思想。瑞士"平民教育之父"裴斯泰洛齐指出："过于强迫儿童表面与形式上的规则，无利于培养其高尚的品质。"

要想培养学生的良好品德，需先从内心唤醒其求知欲，激发学生对外界事物的良好情感体验，在此基础上对其进行品德教育。体验式德育主要指结合教学设计和内容，在教师的有效指导下，通过创建情境，引导学生观察、思考和参与，并主动进行体验，进而获取更多感性和理性的认知，加强对知识的理解，提升道德品质，最终形成健全的人格。但是，从实践角度分析，体验式德育要在高中有效展开还存在困难，很多学校和教师对此缺乏认知，影响了德育效果。

区别于普通的实践教学活动，体验式德育本质是让学生用心去感受外界环境，将情感、态度和价值观内化。就像学习一样，其实质是将外在信息变为自身的认知结构。将感官收集到的信息当作原始粗浅的材料，经过大脑思考后，将材料变为知识、情感和态度等。例如，面对马路上一位摔倒的老人，不同个体的表现是不同的：有的人只是情感上表现出同情，但是没有行动；有的人不但情感上表现出同情，还出手扶起摔倒的老人；还有的人视而不见，听而不闻。可以说经过体验，有的人转变了原先的认知，而有的人则通过体验，发现外界信息和自身认知结构相差甚远，此时就要构建新的认知结构。反之，如果外界信息和个体原有认知完全相反，那么同化的过程就很难，新旧知识互不相容，如果经过一段时间的融合，两者还是互相矛盾，那么标志着体验式德育过程失败。

二、体验式德育的实践路径

（一）环境熏陶体验

学校环境对于高中生来说，就是一本无字教材，因其有约束、同化和导向等作用，对高中生体验式德育工作影响很大。学校通过创建环境文化，完成"四馆一体"（含文化馆、图书馆、活动馆和展览馆）环境的构建，让校园的每一个角落都有德育功能。学校搭建体验式德育展示区、中华优秀传统文化展示区、筑梦实践展示区等，充分利用校园环境实现文化育人。除此之外，可在教学楼中为学生建立琴棋书画展厅、体育项目展厅等特色展厅，将校园真正还给学生，让其在实践体验中感悟德育本质内涵。

（二）课堂滋润体验

课堂是教育的主要阵地，为了使德育内容更好地融入教学中，学校组织教师建立"魅力教学"课程机制，如制定魅力高中课程实践计划，为高中生构建完整的课堂机制，有效渗透以学生为本的教育理念，推进德育的全面实施。

1. 找出德育滋养点。

教师深入挖掘教材中的显性和隐性教学资源，找出其中蕴含的德育滋养点，在教学中融入诚信、爱国、友善、互助等多种德育元素，通过有效的渠道达到育人的目的。

2. 探究教学形式。

为了让学生在课堂中获取更多体验，教师要充分尊重学生的主体性，将课堂还给学生，使其有讲的权利、说的机会和做的实践，真正成为学习的主人。基于此，我们在教学实践中总结出"四三四"模式，即"四突出"：突出学生、学习、探究和合作；"三转变"：让学生转变学习方法、观念和动力；"四流程"：课前探究、课中合作交流、展示成果、课后延伸。通过"四三四"模式，让学生在平等和谐的课堂环境中用心感受，全身心地投入教学活动中。

3. 整合课堂资源。

教师全面整合课程资源，包括国家、地方和本校教学资源，精炼主题。开展"主题式"德育活动，扩展学生的体验宽度。例如，在课堂教学中引入"热爱祖国""传承家风"等主题活动，将"家文化"和校本课程相结合，自然灌输家风教育，再结合我国传统节日，从国家、社会、自然等角度出发，唤醒学生"习家训、晒家风"的激情，升华学生的家国情怀。

综上所述，经过对高中体验式德育本质内涵和实践路径的探索，教师重新审视德育工作，不再将德育工作视野停留在课堂和教材中，而是主动为学生创建体验情境，更加关注学生在此过程中的收获和感悟，为社会主义建设培育更多综合素质和核心素养过硬的人才。

第三节
普通高中体验式德育模式构建初探

学校、家庭、社会本是德育工作中不可分割的整体，要增强学校德育工作的实效，需将三方力量紧密结合在一起，并大力开展体验式德育活动，实现德育体验化，让学生在德育活动中获得成长。

一、开展"三位一体"体验式德育实践的必要性

（一）现实的需要

1. 学生发展的需要。

部分学生在校的表现与在家的表现有着天壤之别，在学校里遵守纪律、尊敬老师，与同学友好相处，但在家里的表现却不尽人意。

2. 家长的意愿与实际行动的差距。

通过问卷调查，我们看到 80% 以上的家长表示愿意参与学校和班级活动，愿意与学校老师保持密切联系，但其中只有 44% 的家长会通过各种方式经常与学校老师联系，只有 23% 的家长能长期关注家长群动态。另外，家长往往过多关注孩子的学业成绩，对孩子思想品德方面的培养不够重视，这可以从参与孩子评价过程中，有高达 80% 的家长只对孩子的学习态度和学业成绩做出评价，而对孩子其他方面不予评价这一点看出来。

（二）学校已有的尝试不理想

学校多年坚持"立德树人、多样发展、全面提高"的办学理念，对学生的德育发展是很重视的，但依然是以传统"说教灌输"的德育方法为主，在创新德育手段方面还需下大气力。学校、班级在家校合作和与社会有效融合方面还停留在表面化阶段，这种较为松散的三者联系对体验式德育的实践推广无疑是不利的。

二、学校、家庭、社会在体验式德育方面实现融合的方式

（一）创新家校合作机制，实现家校一体

"三位一体"首先是家校一体，学校必须先取得家长的支持，为"三位一体"体验式德育活动的顺利开展创造良好的基础。

1. 创新沟通渠道，为体验式德育活动搭建平台。

学校应多渠道地与家长及时有效地开展交流。除了传统的打电话、发短信等方式，还可以利用现代化信息工具——QQ家长群、微信群等与家长沟通，这样既能跨越时空的障碍，使老师与家长交流起来更加便捷，实现全天候、零距离的沟通交流，还能跨越心理的障碍，实现家校愉快和谐且富有成效的沟通。

案例1：

实验班有学生43人，有55名家长加入了家长群。除了班主任还有4位科任老师入群，能真正做到第一时间告知、及时回复、真诚沟通等。如新学校新学期的相关事宜，班主任第一时间通过微信群告知家长，就家长们关心的有关教学、学校安排，学生在校的学习情况等相关事宜，班主任及时耐心地予以回复。这些无声的付出赢得了家长们的赞许和信任，为新班集体建设奠定了良好的基础，为顺利开展"三位一体"体验式德育活动创造了良好的交流展示平台。

2. 将学校体验延伸到家庭，充分利用家长资源开展体验活动。

学校开展体验活动，可适当延伸到家庭，通过"细化体验的内容—宣传动员明确意图—积极行动—适时反馈体验心得—总结表彰巩固体验效果"等几个阶段，达到良好的育人效果。

案例2：

实验班根据学生具体情况来确定在家体验的内容，有部分学生家长反映孩子在家脾气暴躁，不尊重父母等，班主任就此确定了"我爱父母"家庭体验主题，将体验内容细化为"四个一"：我和父母的一次促膝谈心，我为父母做一件事，我为父母画一幅画，我和父母一起上一次班。活动消息刚在家长群里公布，家长们便纷纷表示支持，经过老师与学生的谈心，学生逐渐明确了活动的意义，参与的积极性日渐高涨。最后活动效果

明显：平时很少与父母聊天的学生能在家好好地与父母说说心里话，平日很少做家务的学生周末在家也能洗洗衣服，晒晒被子，做一顿饭给父母吃。学生们还发挥自己的聪明才智亲手给父母做一份礼物，画一幅画，一边传递着对父母的爱意，一边用行动教育自己——做一个有孝心的孩子。

案例3：

为了更好地增进教师与学生以及家长之间的感情，实验班特组织了一次森林公园烧烤活动。家长们得知这一消息后都积极踊跃地报名参加并出谋划策，有的家长联系车辆，有的家长联系场地，还有的家长负责准备烧烤的食材，大家各尽所能，为活动顺利开展做了不少贡献。活动当天，实验班班主任邀请科任老师还有部分家长参加，外出活动中，家长们积极配合老师协调管理好学生，既增进了感情，又为安全出行增添了一份保障。这次户外烧烤活动充满欢乐，是一次家校合作的成功尝试。

3. 创新家校合作长效机制，全方位调动家长积极性。

班主任应充分运用各种手段调动家长的积极性，使家校合作长期坚持下去，并取得良好效果。

案例4：

实验班坚持"有重大学生活动必邀请家长参加"的原则，视活动规模有时邀请全部家长，有时邀请部分家长代表。学期末为在教育子女、积极参与班级活动、支持配合学校工作等各方面做得较好的家长颁奖，在家长会上，班主任隆重地为优秀家长佩戴班级独有的班徽，为调动广大家长的积极性起到了良好的示范作用。

（二）创新学校与社会合作机制

1. 以"阳光少年"活动为抓手，积极拓展学生校外体验新空间。

利用好现有的校外体验平台——"阳光少年"活动，深度挖掘其内在品质，并将之运用到校内德育活动中，使之持久化。

"阳光少年"活动是由社会组织开展的一系列的校外德育活动，学校每年都会组织学生参加。利用社会团体、社会资源开展有益的学生德育活动，这本身就是学校与社会相互配合的典范，可以弥补学校在大型德育活动方面的校园场地不足、师资不足等缺陷。

通过对实验班学生的访谈和问卷调查，我们发现有85%的学生喜欢参加"阳光少年"

活动，喜欢它寓教于乐的教育方式。如通过模拟洪水暴发的场景，让学生真切感受到生命的脆弱；通过模拟集体浮桥的场景，让学生体验到团结的力量等。学生通过参加"阳光少年"活动感触很深，变化也很大。

实验班借"阳光少年"活动的契机，在班级中紧锣密鼓地开展了相应的体验活动，并利用班会让学生相互交流参加"阳光少年"活动的感动瞬间，以此来升华学生的认知体验。

2. 积极拓展学生校外体验新空间，鼓励学生参加社会实践活动。

社会实践活动可由学校统一安排，学生集体参与，也可由学校统一确定主题，广泛动员，征得家长支持，学生自由安排活动的内容，这样给学生的主动权更大，但相应的安全隐患也会增加。因此，班主任必须与家长取得密切的联系，保证有家长的陪同或老师的带领，并对学生反复进行安全教育。

案例5：

半年来，实验班43人中已有23人利用假期参加了不同形式的社会实践活动，有参加报纸义卖活动的，也有参加"为老人免费提供午餐"等公益活动的。学生在实践活动中虽然很累、很辛苦，但收获了无比的喜悦和满足。通过这样的体验，学生真正体会到了"服务社会、服务他人"的快乐。

3. 创新学生评价机制，促进学校、家庭、社会深度融合。

发挥家长、社会在学生评价方面的作用，使家校合作常态化，最终促使家庭教育与学校教育、社会教育实现真正意义上的深度合作，从而形成合力。

案例6：

实验班坚持每半学期开展一次"三位一体"德育评价，在43份评价手册中，全部家长都参与进来，100%的家长参与率和认真书写的评价内容无不说明家长很乐于参与学生的评价；班主任着重引导家长对孩子在家的表现进行评价，在开展体验式德育活动期间，注重评价孩子在家体验过程中的态度和效果，社会方面的评价则着重于对学生参与社会实践活动的表现，由社会组织给予评价，以此来推动体验式德育活动的深入开展，促进学校、家庭、社会深度融合。

在这个过程中，班主任可以鼓励学生相互评价，发现身边同学的闪光点，给他们以鼓舞和激励。学生小李收到了点赞卡，上面写道："你对待学习的态度让我很敬佩，愿你一直保持，见证你高中的变化与进步，让我们一起加油吧！"小张收到了加油卡："你在英语方面还不错，希望你能更加专注数学这门学科，晚上早点儿睡，不要一到冬天就成为特'困'生。"小余收到了加油卡："虽然你在成绩上有优势，但你的性格还需要再开朗一些，有事儿不要闷在心里，多跟同学们聊一聊吧，在沟通中才能展现自己，希望你有所改变！"

学生小孙性格内向，平时在班里很安静，不大主动与其他同学交往。在班主任私下的引导下，有两名学生给她写了点赞卡，表扬她遵守纪律，热心班务。语文老师也给她写了点赞卡："从你身上，老师看到了真诚、善良，你送给老师的苹果、送给山区小朋友的书籍，便是最好的证明。"小孙收到点赞卡后格外激动，逐渐变得开朗起来，能主动与其他同学交往，学习成绩也有明显提高。

在"感恩父母"体验式德育活动中，家长认真记录了孩子"四个一"的落实情况，并给予了中肯的评价，最后通过家长投票，评选出了"体贴关怀之星""家务劳动之星""自觉行动之星""社会公益之星"，并由家长代表在班会上给这些学生颁奖。

三、初步实践取得了良好效果

（一）培养了学生良好的道德品质

学生在活动中体验，在体验中成长，道德品质得到了提升，通过在学校、家庭、社会不同方面的体验，更加懂得了感恩、爱护集体、遵守秩序。

调查发现，经过一个学期的实践，家长对孩子各方面状况的满意率从 74.7% 上升到 89.4%，不满意率从 25.3% 下降到了 10.6%。

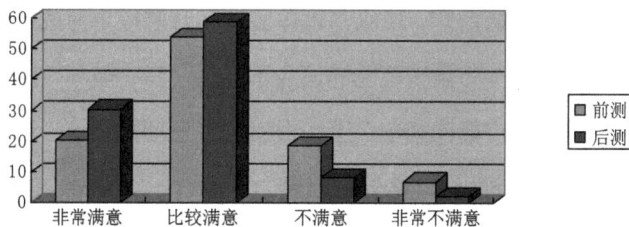

家长满意度变化情况统计

通过对家长和学生的分别调查，我们发现有 90% 的家长认为孩子在家的各方面都有变化，有 95% 的学生认为自己在活动中有很大收获。

通过对教师进行访谈，我们发现所有科任老师都非常认可学生的进步，认为绝大多数学生的学习积极性增强了，更加积极阳光，更加热爱集体，更能自觉地遵守各项纪律。

（二）印证了学生成长进步的足迹

"三位一体"学生评价的内容丰富多彩，班主任积极引导学生既要对自己和他人的学业成绩进行评价，也要注重思想道德品质的评价，这里涵盖了学生在学习态度、人际交往、孝亲敬长、热爱集体等方面的表现。任何值得颂扬的良好品行都可以获得点赞，日积月累，集小善成大德，使学生逐步学会关注细节，从点滴中挖掘闪光点，并能在及时肯定自身以及他人的进步中不断成长，这将有利于学生形成自信乐观、感恩报恩、积极进取等良好品质，为学生的长远发展奠定坚实基础。

（三）提高了学生的学习积极性

一些学生学习基础薄弱，进校以后普遍表现出不自信、不上进、易松懈等问题，开展"三位一体"体验式德育活动对这种情况的学生有明显改善。学生在思想道德不断提升的同时，学习成绩也有了较大进步，德育智育相互促进，实现了双赢。家长反馈孩子在家更加自觉了，学习的主动积极性更高了。从学生的作业书写质量来看，也比以前有所提高，实验班学生考试成绩从期中无一人进入年级前十名，到期末有三人进入年级前十名（全年级有 6 个班级，230 名学生），全班总分和平均分也有大幅度提升，从期中考试的 408.7 分跃升为期末的 489.5 分。

（四）形成了良好的班级风貌

通过开展体验式德育活动，学生的精神面貌有了很大改观，校园里整洁干净，教室里书声琅琅，学生们遇到老师主动问好。

通过加强家校之间的密切合作，班级各项体验活动开展得卓有成效，进一步促进了班集体建设：组班之初上了一节全校范围的班会示范课"梦之航"，随后在校运动会上一举拿下了团体总分第一、广播操第一、手抄报第一等三项冠军……这些成绩的取得使刚刚诞生的高一（6）班格外团结，格外有凝聚力。通过一次又一次的体验式德育活动以及每学期两次的"三位一体"学生评价活动，良好的班级风貌逐渐形成。

案例 7：

每周五，班主任和学生们都会根据日常评价的情况，再结合当月主题及时进行汇总。一名女生成绩在班上一直处于最后几名，在班级值日中她认真负责，将又脏又臭的垃圾桶洗得干干净净，班会上大家纷纷给她点赞。看到大家的欣赏和认可，她更加全面地认识了自己，也能更加勇敢地迎接学习生活中的各种挑战。

班级管理离不开良好的舆论氛围，小小"点赞卡"在自评、互评以及家长和老师评价时都侧重点赞，坚持正面舆论导向，引导学生们细心挖掘闪光点和进步之处，最终学生们学会了观察分析，学会判断是非曲直。同学之间彼此通过"点赞卡"传递着相互尊重、相互爱护的良好心愿，同时通过"加油卡"真诚地提出建议，逐渐营造出互助友爱、民主和谐、健康向上的班级氛围，打造出一个积极向上的班集体。

（五）促进了家校密切合作

通过问卷调查，我们发现家长对家校合作的满意率从最初的 68% 上升到了 95%，家校合作不再停留在表面，已经进入实质性的合作阶段，学校的工作得到了家长们的大力支持，家校合力共同促进了学生的健康成长。

第四节
体验式德育在学科教学中的融合策略

一、概念界定

体验式德育在学科教学中的融合是指教育者依据学科的特点，充分挖掘学科教学中的德育因素，以知识为载体，采用适当的策略与方法，科学、有效地创设一种"身临其境"或"心临其境"的体验氛围，使受教育者能在这种环境氛围的影响下，落实德育目标，即情感态度价值观目标，以达到知识与道德、教学与教育、教书与育人的统一。所谓德育情境，是指教师创设蕴含德育功能的教学情境，通过引导学生积极参与情境的体验，从而获得道德的感悟，其核心在于激发学生的道德情感，引发学生产生情感上的共鸣。

二、体验式德育与学科教学融合策略

（一）挖掘学科中丰富的人文和德育素材

教师深入钻研教材，明确教育目的，抓住融合点，通过融合、渗透的方法，有目的、有计划、自然地寓德育于学科教学之中。针对不同学科的知识体系和德育内容，选择适当的德育素材。

操作方法：收集素材—分类整理—甄别筛选—整体规划—重点实施。教材中的德育素材分布在各个不同的阶段，首先，教师需要收集教材中的德育素材，然后按照不同的类别对这些素材进行整理，认真辨别，挑选最典型、最具代表性的德育素材。其次，依据学科德育目标对素材进行整体规划，制订具体的实施方案，做到有的放矢，从而提高学科德育融合的针对性和有效性。

以英语学科为例：现行高中英语教材涵盖了名人传记、环境保护、文化遗产、未来科技、生活健康、诗歌戏剧、音乐体育等诸多方面内容。教师可充分挖掘教材中潜在的德育因素，对学生进行传统文化与习俗教育、社会责任感教育、名人事迹理想教育、生态环境教育、生命安全教育、艺术审美教育等。

英语学科中的德育素材

素材类别	体验式德育融合目标	课例说明
传统文化与习俗教育	利用教材中涉及传统文化、历史与习俗的素材，对比中西方文化差异，培养学生的多元文化意识，提升民族自豪感，激发爱国主义情怀	在教学 *Festival around the world*（全世界的节日）时，教师让学生讨论中国传统节日，并与西方节日进行对比，使学生了解中华传统的历史和风俗文化传承的重大意义，同时也培养了学生的多元文化意识
社会责任感教育	利用教材中帮扶弱者、志愿者活动、合作共享、感恩等素材，引导学生联系实际生活，培养志愿者精神、爱心意识和社会责任感	教学 *Sharing*（分享）时，帮助学生树立正确的价值观，让学生懂得同情，学会分享，通过志愿者 Jo 的故事，使学生体会到志愿者精神的伟大意义，增强学生的社会责任感
名人事迹理想教育	利用教材中的人物传记类文章，引导学生学习成功人士的优良品质，树立远大理想	教学 *Nelson Mandela*（纳尔逊·曼德拉）一课时，让学生了解曼德拉的生平事迹，抓住契机适时渗透理想教育，同时学习伟人的高尚人格和优秀品质
生态环境教育	利用教材中涉及的环境与自然的内容，培养学生的环保意识和社会公德意识	教学 *Wildlife protection*（野生动物保护）时，帮助学生了解野生动物的生存现状，探讨濒危动物致危的原因和后果，认识保护动物的重要性和必要性，增强热爱动物、保护环境的意识
生命安全教育	利用教材中涉及的意外伤害的事例或故事，引导学生了解生活安全常识，远离危险，珍爱生命	在 *First aid for burns*（烧伤急救）一课中，通过现场情景模拟体验，引导学生学习烧伤急救的操作方法和注意事项，同时对学生进行生命安全教育，培养学生的生命安全意识和救助他人的公德意识
艺术审美教育	引导学生欣赏不同形式的语言，如绘画、音乐、诗歌等，培养学生的生活情趣，提升艺术修养及审美能力	教学 *Art*（艺术）时，帮助学生简要了解西方绘画艺术历史和中西方各种艺术形式与风格，认识不同时代的著名画家及代表作，培养他们对艺术的兴趣和审美能力

（二）优化德育情境，创设让学生"身临其境"的情境和氛围

充分利用丰富的教学资源，灵活运用多种教学方法，创设学习活动情境，建立融洽的师生交流渠道。

各学科教学资源及运用方法

方式	操作方法	课例说明
充分利用丰富的教学资源	教师使用多种教学手段，如多媒体课件、录音录像、视频、投影、挂图、简笔画、实验等渲染情境，以让学生学会为目的，以学习兴趣为主线，在和谐融洽的气氛中将学科知识和思想教育有机融合，让学生在主动参与、乐于参与的各种教育活动中体验成长	物理教师通过画图展示一些生活中的小事，例如射箭、打羽毛球、撑竿跳等将抽象的物理知识生动形象地呈现给学生，帮助学生轻松理解机械能的转化过程。 数学教师充分利用多媒体教学的优势，利用数形结合将深奥的数学概念具体化、形象化，由具体到抽象，由抽象到具体，充分展示了归纳和演绎的哲学辩证思想
灵活运用多种教学方法	师生课前集体备课 师生集体备课以学生为中心，学生带着问题参与到课堂教学中，成为课堂教学的主人。唤起学生的主体意识，增强学习的主动性，提高班级学生的团队合作意识，打造浓厚的学习氛围	历史教师在讲授《辛亥革命》一课时，引导学生利用课余时间实地探访武昌首义之地（红楼、辛亥革命博物馆等），查阅史实资料，录制实地考察的微视频，制作历史剧和纪录片 PPT 等，在师生集体备课的过程中，学生不仅深入了解了中华民族的屈辱史和革命史，激发了爱国主义热情，同时也增强了团队意识和读史的积极性
	扮演角色，模拟体验 通过角色体验的方式改变传统德育中以教师"灌输""塑造"为主的说教方式。德育融合应以浸润、熏陶、引导为主，因势利导，寓教于无形，从而达到"润物无声"的效果	英语教师在讲授 Global warming（全球变暖）一课时，设置角色扮演环节。学生模拟电视访谈节目，体验不同社会阶层的人对"全球变暖"问题的看法，既有助于加强学生对课文的理解，又能增强学生的环保意识和地球公民意识
	翻转课堂 学生在课前利用教师分发的数字材料（音频视频、电子教材等）自主学习课程，在课堂上参与互动活动（释疑、解惑、探究等），并完成练习	数学教师在讲授"随机事件的概率"一课前，精心设计导学案，制作微课，督促学生先学再练。在课堂上，学生间、组间开展合作学习和小组竞赛，充分体现了新课标倡导的"体验、实践、参与、合作与交流"的学习方式，同时也增强了学生的团队合作意识和进取精神
	我来当老师 在课堂教学中，合理有序地进行师生角色互换，即教师通过创设一种情景，把学生推上教师的位置，引导学生进入"角色"，体验站在讲台上的感觉，让学生过把"老师瘾"，或是演讲，或是充当活动主持人，或是模拟教师上课	英语教师在 A letter home（一封家书）一课的教学中，将其中最主体的阅读教学任务交由学生完成，小组成员群策群力，确定讲授方案，最后由小组代表扮演教师角色，提问、演示、讨论。这个活动给学生提供了展示自我的舞台，不仅有助于学生增强自信心，获得荣誉感和成就感，也有助于学生主体性的提高和学习兴趣的激发

实践证明，学科教学应当做到智育与德育相结合，教师应做到既教书又育人。教师应努力挖掘利用、开发整合教学中的德育资源，充分发挥学科教学的德育功能，实现教书与育人有机统一，从而促进学生学习与道德品质的有效提升。

第五节
英语学科德育渗透的
必要性和基本原则

　　《基础教育课程改革纲要（试行）》（2001）明确提出，基础教育课程改革的具体目标是改变课程过于注重知识传授的倾向，强调形成积极主动的学习态度，使获得基础知识与基本技能的过程同时成为学会学习和形成正确价值观的过程。英语学科作为一门兼具工具性与思想性的人文学科，蕴含着大量的德育因素，尤其是英语课文题材广泛、素材丰富，为英语学科德育渗透提供了便利。将德育渗透在高中英语教学活动的每一个环节，既能履行英语教师的德育责任，又能促进素质教育的推行和学生的全面发展。

一、高中英语教学中进行德育渗透的必要性

　　不论是从国家教育发展的角度，还是从学校德育发展、教师素养提升的角度，抑或是从学生发展的角度看，在高中英语教学过程中进行德育渗透都有其必然性。

（一）　推进素质教育，贯彻新课改精神的需要

　　《普通高中英语课程标准》提出：高中英语课程关注学生的情感，使学生在英语学习的过程中，提高独立思考和判断的能力，发展与人沟通和合作的能力，增进跨文化理解和跨文化交际的能力，树立正确的世界观、人生观、价值观，增强社会责任感，全面提高人文素养。英语新课程改革的着力点就是要解决以往英语课堂过分强调语法的讲解和词汇的积累、忽视对学生实际语言运用能力培养、缺少对学生情感的熏陶等问题，转向强调英语课程从学生的学习兴趣、生活经验和认知水平出发，倡导体验、实践、合作与交流的学习方式，提升学生的综合语言运用能力，使学生在英语学习的过程中形成积极的情感态度。教师在课堂教学中渗透德育，有助于素质教育的推行，是贯彻落实新课程改革的体现。

（二）促进学校德育整体发展和学科教师素养提升的需要

现阶段我国的教师队伍大致可以分为两类：一类是进行学校德育工作的专业队伍，包括主管德育工作的德育校长、政教处主任、班主任和思想政治课教师等；另一种是专门从事非政治学科教学任务的任课教师。这种体制极易导致教书与育人的分离，科任教师会自然地放弃自身的育人职责，致使从教育主管部门到学校领导，再到普通教师都不重视学科教学与道德教育的关系。此外，教师的素养不单单是"专业素养"，即专业能力，还包括"道德素养"，即个人道德修养与教师职业道德。专职德育工作者和其他教师在具体工作上有所不同，方式上有差别，但是每个教师都有义务对受教育者进行德育，这是教育工作的职责之一，科任教师在教学中渗透德育是对传统德育方式的有效补充。

（三）促进学生全面发展的需要

根据道德发展阶段理论，高中生开始将社会价值和个人权利作为是非标准，他们开始更多地关注社会的要求和自我的权利，而在这个过程当中，他们会出现很多矛盾的心理。他们希望自己在心理上获得与大人一样的地位，不希望被管束。心理学家弗洛伊德的精神分析理论认为，儿童的道德发展会经过从他律到自律的过程。然而，高中生在道德认识、感情、行为方面仍处于发展变化中，加之诸多不良思想如拜金主义、享乐主义会给学生带来极大的消极影响，社会的浮躁风气也会加剧学生心理的不安定。

《普通高中英语课程标准》提出：英语课程是普通高中的一门主要课程。高中学生学习外语，一方面可以促进心智、情感、态度与价值观的发展和综合人文素养的提高；另一方面，掌握一门国际通用语种可以为学习国外先进的文化、科学、技术和进行国际交往创造条件。从中我们可以看出英语课程有着促进学生道德发展、素质提高的任务和作用。

二、高中英语教学中进行德育渗透的基本原则

在英语学科教学中进行德育渗透时要注意一些原则，只有坚持这些原则，德育渗透的效果才能得到保证。

（一）弘扬中西文化精髓，强化主流思想

高中阶段是高中生道德价值观形成和稳定的关键期，所以，英语教师在教学过程中教授西方语言文化知识、传达西方思想观念，同时要正确引导学生进行中西方文化知识和道德价值观判断和选择，培养学生的评判能力，开拓全球视野，促进他们形成正确的

世界观、人生观、价值观。由于一些社会负面消息的影响，青少年极易出现"国外的月亮比国内圆"的思想。部分不良媒体有意将国外的缺点缩小，将国内的缺点放大，无形中助长了学生崇洋媚外现象的增加。英语教师自身应该避免两种极端，避免过度排斥或者推崇西方文明，应在弘扬中国传统文化精髓的基础上，对西方文化进行扬弃，同时对中西方文化进行有效的批判与吸收。

（二）提供制度保障，改革评价模式

传统的教师评价、学生评价模式简单，评判标准比较单一。在高中阶段，因为高考升学的要求，各级各单位对教师的评价往往围绕学生的高考成绩展开。学校重点、非重点的评定，教师职称的评定多半取决于学校的高考成绩。学生的成绩很大程度上决定了学校的发展、教师的考核。而成绩往往又是教师对学生进行评价的关键指标。学校和教师不仅要关注学生学习水平的提高，而且要注重挖掘学生多方面的潜力。要关注学生最终性评价，更要注重学生学习的过程性评价。评价指标中既要包含学生的学业成绩，也要包含学生的道德品质和行为习惯。在教师日常教学评价中，应加入德育评价指标。

（三）避免形式主义和空洞说教

德育要结合具体英语教学内容，针对不同学生的不同特点和水平因材施教，切忌搞形式主义，以免使德育渗透流于形式。要根据英语学科的具体特点，适时适当地进行德育渗透，使英语教学不局限于知识、技能、技巧的传授，而是让学生在教学活动中接受完整的教育，综合素质得到全面发展，真正实现素质教育。英语课不是纯粹的德育课，建议教师在英语教学过程中渗透德育，并非让教师本末倒置，为了德育而教学，不可从一种极端走向另一种极端。学生良好道德品质的形成是在潜移默化中实现的，是一个长期不懈、循序渐进的过程，空洞的说教难以完成这个任务。

综上所述，高中英语教学中德育渗透的根本目的在于使教学能真正服务于培养新时代合格的人才。但德育渗透所采用的方法与单纯学科知识教学不同，道德品质的形成不仅仅靠教，更需要内化，德育其实是一个内化的过程。设定条条框框进行德育是行不通的，在进行德育渗透的时候，教师应把握教学中的各种契机，对学生加以引导、启发。总之，高中英语教学中的德育渗透不可能一蹴而就，要持之以恒。广大一线教师需要积极去实践，发挥自身的聪明才智，结合自身优势，探索符合自己德育工作实际的方法模式。

第六节
英语学科体验式德育的路径及案例

传统的学校德育将德育主体一分为二，即"专门的德育工作者"（如班主任、德育课程教师）和"非专门的德育工作者"，致使德育责任分离，德育工作者只管德育，科任教师只管教学。具体到英语学科中，英语教师往往专注于教学而忽视学生道德情感的需要，这样做既影响英语学习效果，也影响学生的全面发展。

中共中央办公厅、国务院办公厅《关于适应新形势进一步加强和改进中小学德育工作的意见》指出："德育要寓于各学科教学之中，贯穿于教育教学的各个环节。"《普通高中英语课程标准》也指出："英语教材应渗透思想品德教育。"

一、德育渗透概念

学校德育从存在形式上包含显性道德教育和隐性道德教育，而隐性道德教育形式则主要表现为德育的渗透。"德育渗透"源于"隐性教育"，或者"隐性课程"（hidden curriculum）。"隐性课程"一词在《教育大辞典》中的定义是"学校政策及课程计划中未明确规定的、非正式和无意识的学校学习经验"。日本教育家岩桥文吉也提出：道德教育如不关心隐蔽课程，期望得到满意效果是不可能的。其他学科与专门的道德学科的关系实质从作用方式上说就是"间接德育与直接德育"，其他学科与道德学科互为补充，共同构成学校德育的整体。

二、英语学科德育渗透的理论依据

美国语言教育家克拉申曾提出"情感过滤假说"，他认为：学习者的情感体验和学习态度最终影响语言习得的效果。他首次系统阐释了学习者情感态度与语言学习的关系。美国心理学家科尔伯格提出了儿童品德发展的阶段理论，并提出用"道德两难问题讨论法"在教学中进行道德认知教育。美国心理学家、教育家路易斯·拉斯提出的"价值澄清理论"强调在进行德育时，教师的职责是帮助学生澄清他们已有的价值观。这些学者均在道德认知教育方面提供了可供参考的理论与方法。美国教育家诺丁斯提出以关怀为核心的道德教育理论，主张将德育融入一切教育中，尤其注意教育中的情感教育问题，首次提出了一套系统的情感教育方法与理论。

　　基于上述研究，我们在长期的教学实践中针对学生年龄特点，采用多种方法进行道德知识、道德情感与学科知识教育的融合，以实现学生德育与智育的同步发展。

三、高中英语教学中实施德育渗透的方法

（一）思维训练法

　　思维训练法是以学习道德知识、学科知识和提高道德思维能力为侧重点的方法，可细分为讲授法、谈话法和讨论法。

　　讲授法是以教师的语言为媒介，系统地向学生进行知识传授、情感表达的教育方法。以人教版新课标英语必修1第1单元（NSEFC Book 1 Unit 1）为例，该单元主题是友谊，第一篇阅读课文是*ANNE'S BEST FRIEND*。教师需要介绍：安妮是谁，她来自哪里，为什么要学习她，她处于什么样的时代背景，有着什么样的遭遇。这些内容都应是英语教师在导入阶段通过讲授予以解决的。

　　谈话法是以师生交谈的方式开展相关知识教学和价值引导的教学活动的方法，具体类型分为提问和对话。教师通过提出具有启发性的问题，有针对性地引导学生思考，这种方法多是教师提前预设问题，再与学生互动。以英语必修1第1单元为例，教师可以提问：好朋友的标准是什么，好朋友的品质是什么，如何能交到好朋友，等等。

　　讨论法是指在教师指导下，学生用讨论或者辩论的方式针对某一问题发表观点、澄清价值、得出结论。讨论法的重点在于学生与学生之间自由的交流与探讨。前文提到科尔伯格的"道德两难问题讨论法"与拉恩斯的"价值澄清理论"都是不错的讨论法。在

讲授 NSEFC Book 6 Unit 4 *Global warming*（全球变暖）单元时，就可以让学生围绕"全球变暖的利与弊"展开讨论。

（二）情感陶冶法

情感陶冶法侧重于道德情感的培养，具体的实施途径有三个方面：教师关怀、环境陶冶、艺术陶冶。

教师关怀的多寡往往决定了师生关系的好坏。良好的师生关系需要教师情感的投入，积极的情感投入不仅有助于增进师生的友谊，彼此建立良好的信任关系，而且能有效促进教师的教与学生的学。而教师情感的冷淡甚至闭塞，容易产生消极的情感，势必导致师生关系僵化，学生对教师冷漠。这种隐性德育课程副作用的出现易引发不良后果，甚至是师生之间极其严重的对立。在教育教学中应该强化隐性德育的正面效应，否则将影响到师生的共同进步。

环境陶冶，重点突出特定环境的设置，良好的环境可以促进学生身心发展。在德育渗透中，环境因素能潜移默化地影响学生。如何在英语教学中创设环境是英语教师需要思考的问题。比如在教授 NSEFC Book 1 Unit 4 *Earthquake*（地震）时，教师可以播放地震发生的图片或者视频资料，让学生感受地震的恐怖，形成一种危机意识。

艺术陶冶是指通过运用与艺术相关的手段让学生感知美的东西。人教版新课标教材中有不少与艺术相关的单元，如 NSEFC Book 2 Unit 5 *Music*（音乐），教师在教学中可以播放各种类型的音乐，提高学生的音乐修养，帮助学生了解各种各样的音乐形式，深化对音乐的认识，增添音乐欣赏的趣味性。对于喜欢谈论歌手和音乐的学生，教师可以利用学生的兴趣进行价值观的引导，一举两得。

（三）理想激励法

理想激励法是指以一定方式促使学生形成道德理想、道德信念的德育方式。著名教育家苏霍姆林斯基曾指出：如果一个人把做好事与熟读功课、完成作业同样对待，如果他在自己的童年和少年时期从来就没有体会过什么是凭良心去做好事，那么他就会成为一个道德不健全的人。新课标教材中出现了不少励志人物或成功人士，他们在各自的领域中都取得了巨大的成就。在教授 NSEFC Book 1 Unit 5 *Nelson Mandela*（纳尔逊·曼德拉）、NSEFC Book 4 Unit 2 *A pioneer for all people*（造福全人类的先驱者袁隆平）

等内容时，教师可以让学生提前进行课外拓展阅读，搜集和了解他们的生平事迹、时代背景等信息。让学生分析他们成功的原因，讨论这些人物的人格品质。

除了他人的榜样示范，教师更要注意自身的人格示范作用，成为学生学习的榜样。教师是学生们的榜样，要培养学生感知和领会道德美的能力，教师自身就应该做好示范。教师在教学中的言语行为都会成为道德教育的素材，有意无意地影响着学生。

（四）行为训练法

行为训练法是通过道德实践和对道德价值的领悟以及对道德行为的奖惩等方式进行德育的方法。道德实践基本形式有：模拟活动、社会实践。美国教育家谢夫特曾提出"角色扮演"教学模式。在有限的课堂实践中，模拟活动往往比较耗时，需要精心准备。

案例：教师进行 *Global Warming*（全球变暖）一课教学时，设计了一个环节——假设央视九台录制了一期有关全球变暖话题的访谈节目，要求各行各业代表进行讨论。学生六人一组，分别扮演主持人、环保部门工作人员、环保专家、气象学家、普通市民、农民等角色。每个小组均得到机会在全班进行表演，虽然学生们在角色扮演过程中的表达并不流畅，但是在学习知识的过程中，每个小组成员参与度极高，气氛热烈。

在这个案例中，教师采用角色扮演的模拟活动，调动了学生的积极性，提高了学生参与度，既活跃了课堂气氛，又训练了学生的语言输出能力，同时也将德育目标渗透在具体活动中，让学生产生一定的共识：关爱地球，从我做起；减缓全球变暖，人人有责。

在具体教学中，德育方法本身应该是丰富的，教师在进行德育渗透的时候不能只采用某一种德育方法，而是要注重德育方法的整合，形成符合自己的德育方法模式。在高中英语教学中进行德育渗透不是一蹴而就的，而是需要不断的尝试和探索，它应贯穿于高中英语教学的每一个环节。

在高中英语教学中，针对学生认知与情感发展的特点，将德育融入日常知识教学，利用讲授法、谈话法、讨论法进行学科知识与道德知识的教育，采用情感陶冶法和理想激励法培养学生良好的道德情感，利用行为训练法让学生在体验中提升道德水平，取得了不错的效果。

四、具体教学案例：以武汉市弘桥中学为例

（一）教学设计理念

1. 采用学生采访视频和教师微课视频引入"翻转课堂"的理念，大胆尝试课内翻转，围绕中心话题创设问题情境。

2. 小组合作学习，组员互帮互助，教师巡视全场，及时发现问题，适时点拨；采用小组竞赛机制，鼓励全员参与课堂活动。

3. 智育与德育有机融合。《普通高中英语新课程标准》提出，高中英语课程应关注学生的情感，使学生增进跨文化理解，提高跨文化交际的能力，树立正确的世界观、人生观、价值观。根据道德阶段发展理论和价值澄清理论，教师对教材阅读课文中具有德育因素的内容加以提炼，组织学生对道德知识进行讨论，让学生澄清自己已有的价值。根据关怀理论，教师以关怀为核心，关注学生的生活和情感需要。

（二）学情分析

进入高中阶段后，学生的认知能力有了较大提高，抽象思维能力增加。开始思考人生的价值，形成自己的世界观、人生观、价值观，对于他人的思想、行为也有了自己的评价。在英语学习上，他们不满足于单纯的知识获取。但是，由于弘桥中学学生普遍英语基础较为薄弱，所以在整个教学过程中应结合学生的实际情况和需求，想办法让学生在获取知识的同时得到情感上的升华。

（三）教学内容分析

本单元的"阅读"部分是一篇杂志文章，教学内容属于全球伦理范围，它讲述了全球加速变暖的原因——人为的温室效应，分析了全球变暖所产生的后果以及人们对此持有的不同观点和态度。

（四）教学重点难点

1. 教学重点：（1）了解文章的文体特点及学习方式；（2）训练略读、跳读、细读等阅读技能；（3）引导学生进行有关全球变暖两难问题讨论和价值澄清，让学生树立关爱地球、保护环境的思想观念，培养学生的地球公民意识。

2. 教学难点：（1）阅读技能的训练；（2）如何将德育渗透在英语阅读教学中。

（五）三维教学目标

1. 知识技能：（1）在阅读中感知并初步掌握生词、词组、句型的用法；（2）本课中的全球变暖问题，亦属于道德认知范畴，学生通过学习相关的科学知识，能获得正确的认知。

2. 德育目标：通过加强对全球变暖相关知识的了解，培养学生保护环境的意识，树立学生地球公民意识，从而引导学生关心地球家园。

3. 学习策略（能力目标）：（1）认知策略——通过速读、跳读、精读，让学生掌握英语阅读的常用技巧，从整体上把握文章大意，从细节上理解文章具体内容；（2）交际策略——通过讨论全球变暖的影响和应对全球变暖的方法，提高学生用英语交际的能力，将学生进行分组，分角色进行模拟访谈，探讨相关话题，并提出对策。

（六）教法分析

教学方法：讲授法、谈话法、讨论法、情感陶冶法、行为训练法（模拟活动、奖励）、小组合作学习。

（七）教具教学手段

多媒体技术（Multi-media）：PowerPoint，Video。

（八）具体教学步骤

Step 1 Leading-in（导入）

1. 播放学生的课前采访视频，由学生自己进行课前采访，围绕全球变暖的定义、原因，随机在课间向同学询问。从采访视频中可以看出，对于全球变暖，学生们大部分是有所了解的，能说出一两点，为课文的学习奠定了基础。虽然个别学生的表达不全面，但是多个学生综合形成的最终答案还是比较全面的。

2. 组织学生观看教师课前录制的有关全球变暖的微视频，将学生已有的知识和新知识融合在一起，引发学生的思考，主要围绕"What we can do about global warming？"话题，让学生讨论相关措施。为了不太限制学生的思维，这里只提到了四种做法作为引导。而在后面的自由表达环节中，学生提出了更多的方法。

Step 2 Skimming（速读）

Go through the title and lead（导语）quickly and answer the questions.

1）What is the main topic?

2）Where does this article most probably come from?

3）Who wrote the article?

Go through the whole text. Match the main ideas of each part.（PPT）

（设计意图：让学生快速浏览标题、导语、正文，并设置相关问题，让学生对文章有初步印象，属于传统阅读教学的常用方式。）

Step 3 Detailed reading（细读）

Read part 2， fill in the blank.

_____carbon dioxide _____ in the atmosphere, causing the _____ temperature to _____, which makes the global warming come about.

Read part 3.

1）Answer the question.

Q： What do Dr. Janice Foster and the scientist George Hambley think about the results of global warming?

2）Task：Show different ideas between Dr. Janice Foster & George Hambley.

3）Fill in the chart.

What will global warming bring to us?（effects）

4）Then， look at some pictures of disasters that may be caused by GW.

（设计意图：让学生仔细阅读正文，并设置多样化的相关问题，挖掘文本深层次内容，帮助学生加深对文章的理解。用图片呈现全球变暖的恶劣影响，让问题更加直观。通过道德两难的问题，让学生自己进行思考，获得认识。）

Step 4 Discussion（讨论）—"Shall we do something with global warming?"

（设计意图：向学生提问，我们是否应该行动起来减缓全球变暖，该如何做？第一步学生自由回答，再看视频，了解更多减缓全球变暖的途径和方法，让学生在思想上产生共鸣。学生得到道德情感教育，进而转化为一定的道德行为。）

Step 5 Role play（角色扮演）

Imagine some of you are farmers, experts in global warming, or government officials. Now you are invited to take part in a TV program on CCTV 9, talking about global warming.

（设计意图：让学生进行口语练习，模拟电视访谈节目，利用所学知识进行相关主题的分角色表演，既能提高自身英语表达能力，又能增强地球公民意识。）

Step 6 Summary（总结）

What do you want to say to the earth or we humans? 学生通过展示自己的画作，对自己的作品进行简单解说，用图画的方式传达出自己对地球的关怀。

（设计意图：让学生表达想对地球和人类说的话，让学生在情感上得到升华，意识到保护地球是人类的责任。）

（九）案例分析与总结

本堂课使用了多媒体教学，多样化的教学手段增大了课堂容量，也加快了课堂的节奏，学生踊跃参加活动并取得了良好的效果。

1. 实施分层教学，展示因材施教的魅力。从教学设计上，各个教学环节衔接紧密，过渡非常自然。教师针对不同学生展开分层提问，不拘泥于教材，而是化难为易，让每个层次的学生都能得到锻炼。

2. 以任务型教学为主线。每一个学生活动都有具体明确的目的指向和操作要求，学生通过具体任务的完成获取成就感，得到积极的情感体验。

3. 设置道德目标，注重对学生人格的教育。本课将情感态度设置为德育目标，关注对学生的道德认知与情感教育。教师在尊重学生主体地位的同时，把积极的情感、态度和价值观潜移默化地融入主题体验活动中。

总之，本课坚持以学生为本，通过小组合作学习，以多媒体为教学手段，发挥学生的主动性，重视对学生道德情感的培养，重视学生的个体差异。通过具体的教学行为传授相关知识，培养学生阅读能力，使之形成良好的阅读习惯，促进学生道德认知的发展以及道德情感的升华。通过将传统英语学科教学方法与德育渗透方法的结合，教师达到了预期的授课效果，完成既定的教学"三维目标"。

第二章

体验式课程：
高中课程创新之途

第一节
体验式课程研究的
价值意义和理论创新

一、体验式课程研究的价值意义

（一）促进学校特色发展的需要

以武汉市弘桥中学为例，我校是一所普通高中，为原铁道部大桥局职工子弟中学，学校的进一步发展离不开办学精神的引领和个性气质的文化定位。学校的发展趋向特色化、内涵化，需要研究建设特色化的学校课程。结合我校的办学历史，秉承大桥人的精神，励志笃行，从实践体验的角度，我们提出研究构建具有体验式特色的课程体系。

我校虽有"立德、励志、勤学、笃行"的校训，但校训内涵未能深入师生之心，缺乏引导实践。还需要秉承学校传统，弘扬办学理念，引领师生共同践行。只有全体师生踏踏实实地去体验，去实践，在体验中领悟，在领悟中升华，才能取得知行统一的效果。

我校目前正致力于走艺体特色化办学之路。特色建设，是以生为本理念的重要体现，既要关注学生兴趣选择的多样性，又要体现因地制宜的差异化。通过对体验式课程的实践研究，进一步拓展艺体道路，以满足更多学生个性化发展的需求，形成学校鲜明的特色课程，以"文"化人。

然而，学校现有课程不能满足学生不断变化的需求。课题组对 2016 级在校生的调查显示：喜欢体音美等学科的学生有 62.11%；希望学校开设更多的校本课程（例如心理健康课、音乐欣赏课等）的有 75.37%；觉得学校应尽可能多地举办课外活动（如"弘桥演说家""体艺节"等）的有 89.48%。从调查统计结果看出，对于现在的课程设置，学生的满意度是 36.84%；学生对校本课程有强烈的需求，希望学校能够开展丰富多彩的课外活动。

站在新的历史时期，面对新形势，面对新课改、新要求，我们要对学校的课程重新进行认识、梳理、调适，通过课程建设铺垫学生成长的道路，促进学生德行养成，陶冶学生的情操，发展学生的个性，培养学生的创造力。

（二）促进学校师生发展的需要

教育部发布的《中国学生发展核心素养》指出：学生发展核心素养是指学生应具备的、能够适应终身发展和社会发展需要的必备品格和关键能力。在教学过程中落实"核心素养"，就得借助于教学改革。教学改革主要从教学内容、教材编写、教学方法手段、教学评价等方面，促使"核心素养"落地。

武汉市弘桥中学是一所普通高中（非省市示范校），学生大多来自普通家庭，文化基础相对薄弱，学习兴趣、学习动力不足；缺乏自信心，学习被动。部分学生厌学情绪突出，缺乏目标，得过且过。成绩落后的学生在学习过程中感受不到学习的快乐，没有获得感和成就感。

教师的教育教学方法往往以"灌入"式、讲授式为主，比较单一。课程方面以国家课程为主，缺乏校本课程。课题组对教师的调查显示：约有 67.5% 的教师表示不知如何编写《校本课程纲要》和《校本课程教学指导书》；约有 45.9% 的教师不知道校本课程学和教的特点；约有 42.5% 的教师认为难以开展优质高效的教学活动。

因此，学校要在研究、开发校本课程的过程中不断提升教师水平，满足学生个性化的需求，使师生得到发展的机会。课程建设应不断创新，不断摸索建设与学生发展相适应的生态环境。一方面要建设可供学生开展体验活动的场所，增添体验设施，开发体验馆、功能室；另一方面要在课程建设上不断创新，在教育形式和内容上与时俱进。

（三）深化学校德育研究的需要

我校在"十二五"期间成功申报武汉市教育科学"十二五"规划重点课题，通过对《普通高中体验式德育实践研究》的研究，初步构建了普通高中体验式德育目标体系和评价体系，探索在新课程背景下普通高中德育新策略，建立了"三位一体"（学校、家庭、社会）德育新模式，取得了"体验式德育目标及实施路径""体验式主题班会系列""体验式德育活动实践手册""三位一体学生德育评价""修身课《山言荷语》"等成果。

但是，这些基于本校实际状况研究出来的成果亟待推广，还需将体验式德育与学校的德育工作相结合，与广大班主任的德育实践相结合。需要结合时代要求，通过深化研究开展高中课程改革，构建富有时代精神、体现多元开放、充满生机活力、多层次、可选择的学校课程体系，推动育人模式的转变，扩大学校教育、教师教学、学生学习的自主权，引导学生自主选择、自主学习、自主发展，实现学生全面且有个性的发展。

二、体验式课程的理论依据

（一）经验教育论

杜威提出"教育即生活""教育即生长""教育即经验的改造"等理论。他认为，学生在社会生活中与人接触、相互影响，逐步扩大认知和改进经验，养成良好的道德品质，习得知识技能，就是教育。实践经验必须紧密地和生活结为一体，以更好地促使个人成长，学校通过对国家课程校本化改造及校本课程的编写与实施，加强学生与生活的联系，让他们在实践体验中感悟成长，丰富并不断积累经验。

（二）体验教育论

体验式学习的主要特征是获取直接经验与反思。通过不断优化办学环境，为师生搭建参与体验各种教育教学的社会实践活动的平台，让他们在参与中获得积极体验，在体验中感受参与的乐趣，从而激发他们积极主动参与学校各项教育活动的兴趣。尤其是从体验式课程的构建入手，通过对培养目标、课题内容、教学方法、教材和评价等方面教育的匹配，达到多方参与和融合发展，从而实现师生、学校和社会等多方的价值共创。

（三）活动教育论

"活动教育"的内涵是以学生为主体，让学生自主地参加各种活动，让学生在活动中获取知识和智慧、能力和技巧，体悟人生，形成正确的世界观、人生观、价值观，养成高尚的品质和完善的人格。

体验式课程要依据教育目标，经过精心的准备和设计，把学习的选择权还给学生，让学生遵照自己的兴趣，积极主动地投入学习。

（四）文化教育论

文化教育论关于教育起源的主要结论是教育源于文化传承的需要。文化传承凝聚了教育产生的可能性和必要性条件，从客观需要走向主观需求，使教育成为现实。

通过梳理学校的办学传统和办学理念，挖掘学校资源，将传统文化课程化，传承学校的优秀文化。开发实施体验式系列课程，彰显、渗透中华优秀传统文化，让学生获得亲身体验和感受，增强对中华优秀传统文化的认知、认同和践行，促进学生学以致用，知行合一。

三、体验式课程研究理论背景

体验式课程的提出不仅符合课程价值观本身的发展趋势，而且还有紧迫的现实感——教育实践变革的需求。

（一）相关研究成果

1. 体验式学习本质特征研究。

学习是一个体验过程，不是重要结果。教师的主要精力应集中于让学生参与过程之中，而不应过分强调其学习结果，这样才可以最大限度地改善学生的学习方式。

教育学家朱小蔓教授在其论著《情感教育论纲》中指出，教育过程要注重人的情感体验，强调"体验是人的生存方式"。教育学家鲁洁、王逢贤教授认为："一个完整的德育过程，应该是体验者的认知活动、体验活动与践行活动的结合"，"人对道德价值的学习以情感—体验型为重要的学习方式"。张天宝在《关于理解与教育的理论思考》中提出，从教育过程论角度看，教育过程就是一种体验。庞维国在《论体验式学习》中提出，体验式学习的内涵应因学习的时代要求而变化，在学校教育情境中运用体验式学习，教师应重点把握经验构筑和学习反思两个核心环节。孙玉丽在《蕴含生命意义的学校文化诊断研究》中提出，构建学校生命文化，要注意营造人文乐园，重视制度上的情感关怀，在精神文化上加强文化陶冶，丰富生命体验，回归生活世界。

2. 体验式课程体系研究。

张华在《体验课程论——一种整体主义的课程观》中提出，体验课程即"超越性（超验性）课程"，是以"学习者共同体"的成员所共同创造的氛围为特征的，这种氛围使每一个性得以生长、表现。这样说来，体验课程真正实现了课程的个性化，因而是一种"个性化课程"。刘莺在《构建体验式课程体系》一文中提出了体验式课程构建体系的基本特点、建构过程、形成模式。杨鑫在《建构新课程体系，推进新时代普通高中育人方式变革》一文中，从课程体系的角度提出了普通高中新课程体系的特点和建构路经。

3. 体验式课程实践研究。

2011 年，湖南省桃源县教师进修学校发表的《体验式养成教育实践研究》一文侧重以小学生为研究对象，特别是针对留守学生的养成教育进行研究；全国教育科学"十一五"规划重点课题《生态体验式德育的案例与问题研究》，侧重于生态体验理论与典型案例研究；江苏省张家港市塘桥高级中学"十一五"课题《体验教育在德育工作中的实践研究》，突出德育活动中学生的主体性，强调德育活动中"知行合一"的实践性，侧重于构建德育活动模式研究；李敬、徐良发表的《构建"1+1"体验式课程体系提升学生综合素养》，通过德育课程引领体验、活动课程自主体验、学科课程引发体验，引导每一个学生在宽松、和谐的环境中亲历成长的过程。2016 年，全国教育信息技术研究专项课题《基于虚拟现实的项目工场沉浸式教学研究》以高职类基础课程为例，提出高职院校沉浸式课程教学模式。2018 年，福建省晋江市磁灶中学发表的《注重体验感悟，引领生命教育——基于学校构建体验式生命教育课程体系探索》，侧重于体验式生命教育，从体验式生命教育的内涵和模式的构建，探索体验式生命教育的理念、载体、途径、主体、评价、目标等体系。

总体来说，通过以上实践研究，教育回归体验，从理性与知性的束缚中解放出来，使学生成为体验的主体，通过教育者的引导和自己的感悟与探索，达到很好的内化功能，从而提高教育的实效性。"体验"受到理论界与实践界的关注，"体验"成为时代的主题，技术的进步为体验提供了更多的可能。

（二）相关研究评述

综合来看，相关研究还存在以下几个方面的问题。

1. 缺乏体验式课程的实践研究。

新的课程改革对课程建设提出了新的要求，体验式校本课程的构建要满足不同学校学生的个性化需求，更具有鲜明的学校特色，不宜盲目照搬套用。与之相应的，在教育理念、管理方法、教学方法等方面也应该进行调整，以适应课程改革的需要。

2. 缺乏体验式课程体系的建构实践研究。

课程构建应该是系统性的，要有正确的价值理念，要有明确的目标和序列，要有完整的体系，要有相应的教材和教案，要有有效的实施和评价。课程建设应不断创新，不断摸索建设与学生发展相适应的生态环境。课程建设与实施，是密不可分的两个方面：一方面要建设可供学生开展体验活动的场所，增添体验设施，开发体验馆、功能室；一方面要在活动设计上不断创新，在教育形式和内容上与时俱进。

3. 缺乏学科之间、课程之间的融合研究。

课程内容方面侧重于德育方面的研究，从德育内容、活动模式、实践操作等方面进行探究。目前很多学校在某些学科方面进行了体验式教学法的有益研究，而从全学科、跨学科的角度却很少有研究。

4. 在普通高中鲜有研究。

从研究对象方面来看，在小学和高职学校有所研究，而在普通高中却鲜有研究。

因此，本课题拟以"体验式理念"为起点，构建普通高中学校主要的体验课程理念和体验课程体系，研究具有可操作性的内容及方法，使理念与实践两者合一。通过本课题的研究，构建本校体验式课程体系，探索普通高中体验式课程构建的实践策略，以提高学生综合素质，促进学校特色化发展。

四、研究的主要内容

（一）普通高中体验式课程构建的基本理念研究

主要研究体验式课程的特征、主要体验形式，以及体验式课程开发的基本原则。

（二）普通高中体验式课程构建的现状调查研究

主要研究本校的课程现有条件、存在的主要问题，并进行成因分析。

（三）普通高中体验式课程构建的实践策略研究

主要研究体验式课程在实际操作方面的实践策略以及经验总结。

五、体验式课程理论创新

（一）体验式课程的特征

1. 过程性。

体验，强调身心参与的具体过程，参与程度的高低影响体验的质量。学生直接经历知识的产生与发展的过程，收获最直接的体验。

2. 实践性。

学生参与实践，在实践中体悟。不只是"读"的课程，更是"行"的课程文化，知行统一，书本与实践相结合，强调从知识向能力转化。课程、教学以学生为中心来设计实施，要尽可能地创设可供学生体验的各种情境，让学生入情入境，全身心地主动体验、感悟，倡导学生与书本对话，师生对话，生生对话，在探索、实践过程中了解并运用知识，培养能力。

3. 校本性。

校本性即课程的文化选择与加工功能，从学校的实际出发，对国家课程进行校本化的转化，对地方教材和资源进行校本化加工，对学校资源进行校本化整合。改变课程功能，调整课程结构，精选教学内容，改进教学方式，改革评价制度，重建课程管理体系。

4. 多元性。

在内容方面注重弘扬中华优秀传统文化、革命文化与社会主义先进文化，同时适当融入优秀外来文化、地方文化；课程内容的选择与组织要适合学校生活的学生"群落"，包括弱势学生"群落"。在教材方面除国家课程、地方课程之外，开发多样性、个性化的校本课程。

5. 传承性。

文化的传承性，即具有传递人类文化遗产与吸收并融合各国先进文化的功能，对学校原有文化进行守正创新。

（二）体验式课程的主要体验形式

1. 实践性体验。

实践性体验包括在志愿服务、文学艺术、健美音乐等社团活动中的实践体验，在军训拓展、调查访问、研学旅行等社会实践中的体验，在社会各单位、工厂企业中对各类职业的体验等。还包括在研究性学习中探究调查，在班级管理、主题班队会中参与"值班生""值日生""主持人"等活动体验，在家庭中参与家务劳动（洗菜做饭、清洁卫生）、家庭制作等体验。

2. 情境式体验。

教师在学科教学、主题班会中充分利用多种教学方式和丰富的教学资源，创设各种能引起学生兴趣的教学情境、教学游戏和练习形式，使用各种教学手段，如多媒体课件、录音录像、投影、挂图、简笔画、实验等渲染情境，用故事、小品表演等再现情境，在比较真实的情况中让学生亲身感悟体验。

3. 想象式体验。

在原有生活体验、社会阅历体验、学习方法体验、操作实验体验的基础上，调动多种感官，展开想象，把自己带入一个明确的场景，或幻化为某一角色，与书本、人物对话，进行虚拟操作、实验活动等。

（三）体验式课程的开发原则

1. 人本性原则。

以尊重学生的个性为根本出发点，把促进学生各项基本素质全面发展作为课程设计的中心，以整体优化的课程结构观为核心内容，在课程选择使用上以学生为本，重视不同层次学生的学习需求，使学生的学习需求得到尊重和满足。

2. 整体性原则。

从整体上把握课程的目标与结构，包括校本课程的开发，活动课程应成为校本课程的重要组成部分。注意开发潜在的课程资源，重视课内外和校园文化中潜在的课程因素及对学生发展的作用，培养学生较广泛的兴趣爱好及特长。

3. 发展性原则。

校本课程的最大价值在于促进学生成才、教师成长、学校发展、社会发展。学校应利用自身资源，构筑有本校特色的适合学生发展的课程。

4. 科学性原则。

结合本校实际，实事求是深入系统地学习与课程改革相关的理论，借鉴外来的有益经验，以科学的精神和严谨的态度，解决实验中遇到的实际问题和困难；检查调查，科学决策，边实验边总结，创造性地开展工作。

5. 体验性原则。

依据杜威的"做中学"理论，教育要回归生活，学生直接经验的获得需要去实践，校本课程的开发要有利于学生"亲身体验"，让学生能够"身临情境、亲身体验、主客融合、自主反思、学会改变"。

（四）体验式课程建构的实践策略

1. 体验式课程的基本理念和目标。

课程理念：在资源开发、教育实践过程中积极倡导体验式理念，"在体验中成长，在成长中体验"，为学生终身发展奠基，让学生走适合自己的发展道路。

体验式课程的目标

学生素养的培养目标	体验式课程的过程性目标		
	一级指标	二级指标	三级指标
个人修养 关爱社会 家国情怀 自主发展 合作参与 实践创新	体验内容	适应性 生活性 感悟性	1. 适应课程内容，表现出某种兴趣与选择，满足了个性化需求。 2. 乐于在生活化的情境中身心参与体验，乐于分享交流。 3. 感悟并生成意义，进行联想、创造
	体验情感	接受 认同 感悟	1. 接受引导进入情境；遵循情境思路去思考问题，表达感受。 2. 产生乐于学习、渴望掌握的期待感，主动进入情境角色，积极主动、专心认真的态度与行为。 3. 内心的需求期待得到了满足，能按情境角色去处理问题，能拓展性学习相关知识。 4. 形成爱好、习惯、兴趣等，为追求某价值观表现执着，不怕艰难挫折的意志。 5. 在自我评价、自我调控中由志趣上升为理趣，形成稳定的个性品格
	体验形式	实践性体验 情境式体验 想象式体验	1. 积极参与社团服务、社会实践、职业体验，独立完成相关作业。 2. 在学习情境中能够亲身感悟体验，入情入境。 3. 能与书本、人物进行对话，开展虚拟操作、实验活动
	体验方法	引导体验 主动体验	1. 有利于引导学生主动体验、合作交流，有利于构建属于自己的知识体系，有利于发掘创造力。 2. 在体验过程中合作交流，敢于发表自己的见解；积极参与体验活动并全情投入；及时总结，乐于分享体验成果。 3. 由兴趣发展为志趣，自主学习，主动发展

学生素养的培养目标	体验式课程的过程性目标		
	一级指标	二级指标	三级指标
	体验效果	参与程度 自我发展	1. 对体验内容产生求知欲，参与体验活动，有操作实验行为，能够合作交流，有发表见解的表现。 2. 师生之间、生生之间、组际合作互助，兴趣浓厚，积极思考，及时总结，乐于交流，完成操作实验。 3. 养成良好的学习热情和坚强的意志品质，对体验学习有成就感和幸福感，形成良好的价值取向

课程目标：包括学生素养的培养目标和体验式课程的过程性目标。学生素养的培养目标侧重三种品格、三种能力。品格方面主要突出个人修养、关爱社会、家国情怀；能力方面注重自主发展、合作参与、实践创新。体验式课程的过程性目标主要从内容、情感、形式、方法和效果等方面描述。

2. "体验式课程五体"课程体系。

根据教育部《普通高中课程方案》（2017 年版）（以下简称《方案》）和湖北省教育厅《湖北省普通高中 2018 级学生课程实施指导意见》（以下简称《意见》），对普通高中课程开设、课程选修和学分制改革进行指导。《意见》规定要求学生高中三年须达到 144 学分方可毕业，社会实践、课题研究、项目设计、党团活动、志愿服务等成为高中生的必修课。依据该《方案》和《意见》，从学校、师生的发展角度，围绕体验式教育这一理念构建课程，对国家课程、地方课程进行校本化转化，开发编写本校特色校本课程，逐步建构、丰富本校的五体课程体系。

"五体"是体德、体智、体艺（艺术类）、体技、体综五类课程。体德指体验式德育课程，体智指体验式智育课程，体艺指体验式音乐、美术、健美课程，体技指体验式技术课程，体综指综合性实践活动课程体系。

①体德课程体系。

目标：个人修养、关爱社会、家国情怀。

总目标内涵：以理想、爱国、感恩、意志、责任、礼仪、自信、自立、诚信、自律、自主等为指标，其中以自信、自立、自律、自主为主要指标。学生所处年级不同，德育目标侧重不同。

体德目标

年级	目标				
高一	有理想	"三热爱"	能自律	讲诚信	讲文明
高二	有责任	有自信	能感恩	有意志	懂礼仪
高三	有理想	能自立	有意志	有自信	能自主

体德课程内容体系：由德育学科课程、体验式主题班会活动课程、课外实践活动课程等构成。德育学科课程主要由校本化后国家课程及校本课程"山言荷语"等构成。

德育课程

类别		课程名称	总课时数	课时	年级
主题活动课程	必修课	体验式德育主题活动课程	60	3	高一年级 高二年级 高三年级
	必修课	社会实践活动课程	20	1	
主题班会课程	必修课	主题班会活动课程	20	1	
校本浸润课程	选修课	山言荷语	36	1	高一年级
		高中课外英语美文赏读	34	1	高二年级
		高中生心理健康读本	20	1	高二年级

主题活动课程：家校联动，形成学校、家庭、社会"三位一体"。

课程内容：理想、爱国、感恩、意志、责任、文明礼仪、自信、自立、诚信、自律十个主题。校内、校外一体化实践活动，包括家庭体验和社会体验。

主题活动课程

月份（上学期）	主题	月份（下学期）	主题
9	理想与责任	3	诚信与文明
10	礼仪与自律	4	"三热爱"
11	自信与心理	5	感恩与自立
12	生命与安全	6	生命与安全

主题班会课程：课程化、系列化、校本化。

目标结构：一是纵向，构建了从高一年级到高三年级各个阶段的主题班会活动，体现出由浅入深、层次递进的特点，形成序列，交叉进行，各年级有所侧重。二是横向，按照每月确定一个主题班会的原则，尽量使各种系列的主题班会活动能够形成相互联系、相互促进、充分发挥整体德育功能的主题班会活动体系。

② 体智课程体系。

课程目标：个人修养、合作参与、家国情怀。

课程内容：在开齐、开足国家课程（语文、数学、外语、思想政治、历史、地理、物理、化学、生物、信息技术、音乐、美术、体育）的基础上，对国家课程、地方课程进行校本化处理。本研究主要通过对英语、数学等部分学科进行校本化试点，在取得成效后逐步推广到其他学科。

例如：《高中英语体验式阅读读本》基于现行人教版教材，根据学生在英语语言学习方面的困难和需求，以及他们的兴趣和爱好，确定了文化习俗、名人事迹、体育运动、健康生活、生态环保、艺术欣赏、社会责任等7个典型话题，选取典型的体验式阅读素材，并以相应的课外素材为补充和拓展，分层设置形式多样的语言实践活动，让学生亲身感受，直接体验语言及语言运用。

③ 体艺课程体系。

课程目标：自主发展、家国情怀、兴趣特长。

课程内容：啦啦操、健美操、服装与表演、播音与主持、传媒与导演、钢琴与声乐、声乐与表演、素描与色彩、禅绕画等校本课程；利用地方性资源，合作开设课程，如速写、设计等。

播音主持入门校本课程

项目	内容	目的	课时 （共30课时）
标准流利的普通话	介绍普通话的基础知识， 纠正错误发音	普通话流利	5 课时
美丽优雅的朗诵	朗诵技巧，各种文体朗诵方法	学会朗诵	10 课时
灵活多变的即兴评述	即兴评述介绍，即兴评述训练	即兴评述	6 课时
展现风采的自我介绍	如何自我介绍	有特色的自我介绍	3 课时
模拟主持	各种栏目的主持	写主持词，主持节目	6 课时

④ 体技课程体系。

课程目标：合作参与、自主发展、兴趣特长。

课程内容：信息技术和通用技术。根据高中新课程标准，从学校的实际出发，利用各种生活化的技术教学资源，模拟生活情境，积极推进技术课程的校本化。

信息技术方面：多媒体技术应用、网络技术应用、数据管理技术、算法与程序设计、人工智能初步。通用技术方面：技术与设计、电子控制技术、建筑与设计——桥梁设计、简易机器人制作、汽车驾驶与保养、服装及其设计——健美操队服装设计、家政与生活技术。

⑤体综课程体系。

课程目标：合作参与、实践创新、家国情怀。

课程内容：生涯规划、研究性学习（项目设计）、社会实践、社区服务、研学旅行等校本课程。

例如，生涯规划校本课程，分三个部分：自我探索体验、生涯规划体验、职业规划体验。

自我探索体验（以心理测验为主），着重从能力、兴趣、价值观、个人特质四个方面对学生进行测验，让学生加强对自我的认识。

生涯规划体验（以体验活动为主）分为三种类型的活动：获得职业资料、了解职业世界、探索职业素质。获得职业资料包括感受职业分类、感兴趣的职业、职业访谈三个活动。了解职业世界包括参观消防站、体验父亲／母亲的工作、城市生存体验、模拟法庭四个活动。探索职业素质包括模拟面试、成功者访谈、高效利用时间三个活动。

职业规划体验（以自我规划为主）分为职业定向计划、职业规划资料卡、我的就业宣言三部分。

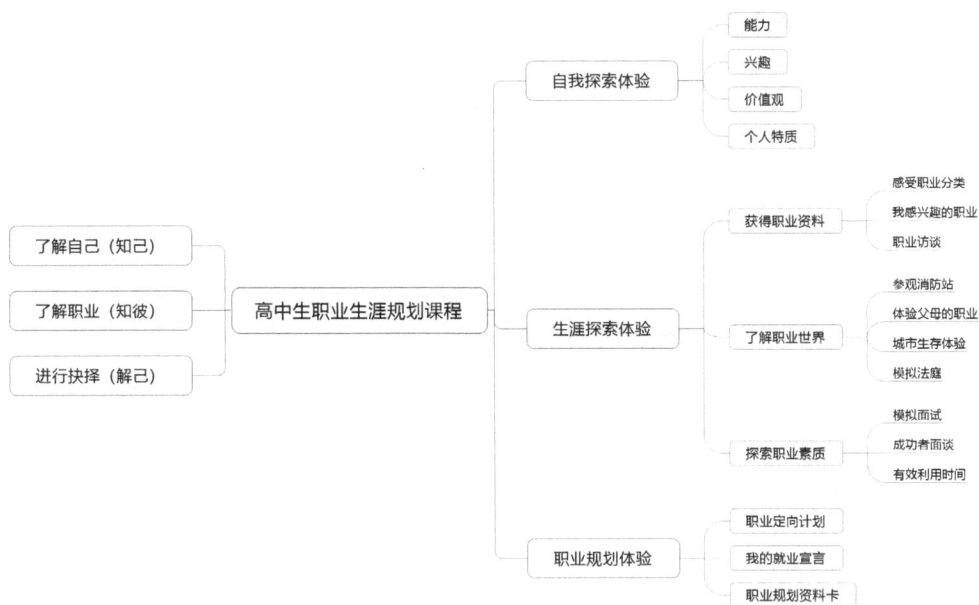

生涯规划课程构架图

第二节
学校课程与教学满意度调研及分析

基础教育课程承载着党的教育方针和教育思想，规定了教育目标和教育内容，而教学是实现课程价值的途径和手段。学校育人目的的实现与教学质量的提升离不开课程的有效实施和教学的有效开展。本节内容着眼于调查武汉弘桥中学这所普通高中的学生对学校课程与教学的满意度，试图明确学生对学校的课程与教学满意度现状、学生的课程需求、不同变量对教学效果的影响以及课程与教学的关系。

一、问题的提出

为适应高中新课程改革要求，推动学校发展，着眼于调查高一、高二、高三学生的学校课程与教学满意度。主要回答以下几个问题：武汉市弘桥中学学生对学校的整体课程满意度如何？学生的课程需求如何？不同变量是否对体验式教学产生影响？学校课程与教学存在怎样的关系？

二、研究方法

（一）被试

抽样选取武汉市弘桥中学高中三个年级，共计 410 名学生进行问卷调查，回收有效问卷 393 份，回收率约为 96%。

被试学生基本情况

项目		数量（人）	占比（%）
性别	男	181	45.9
	女	213	54.1
年级	高一	110	27.9
	高二	122	31.0
	高三	162	41.1

（二）调查工具

调查工具为高中生教学学校课程与教学满意度调查问卷。问卷主要包含学生学习能力、学校课程满意度以及教学方式满意度三个维度，共计 8 个条目。问卷采用李克特五级量表的形式编制。单项分值最低 1 分，最高 5 分，分值越高，表示态度越肯定。问卷回收后用 SPSS22.0 对问卷内部信度进行了检测，克朗巴哈系数达到 0.829，量表信度非常好。

（三）研究程序及数据分析

主试以班级为单位进行集体施测，采用网络问卷进行数据收集。剔除无效问卷后，用 SPSS20.0 对数据进行描述性统计分析、单因素方差分析和线性分析。

三、结果分析

（一）描述性统计

均值分布表

描述性统计资料					
条目	N	最小值	最大值	平均数	标准偏差
1. 学习能力	394	1	5	3.04	0.811
2. 学习成绩	394	1	5	3.20	1.141
3. 学校课程满意度	394	1	5	3.20	1.104
4. 校本课程满意度	394	1	5	3.43	0.987
5. 小组合作主动性	394	1	5	3.44	0.958
6. 体验式教学效果	394	1	5	3.58	0.949
7. 师生关系	394	1	5	3.87	0.785
8. 体验式课程满意度	394	1	5	3.56	1.013

分析：

（1）课程方面。学校课程整体满意度，分值为 3.2，分值较低。可以看出学生对于目前的高中课程总体不太满意，课程多样化需求较大。

（2）教学效果。对于学校进行的新型教学方式认可度较高，学生小组合作主动性较强，尤其是师生关系更为融洽，体验式教学方式在促进师生关系方面效果明显。

（二）单因素方差分析

1. 课程、教学评价的年级差异分析。

年级主效应单因素方差分析

变异数分析						
项目		平方和	df	平均值平方	F	显著性（P）
1. 学习能力	群组之间	2.781	2	1.390	2.127	0.121
	在群组内	255.648	391	0.654	—	—
	总计	258.429	393	—	—	—
2. 学习成绩	群组之间	2.256	2	1.128	0.866	0.422
	在群组内	509.500	391	1.303	—	—
	总计	511.756	393	—	—	—
3. 学校课程满意度	群组之间	3.284	2	1.642	1.349	0.261
	在群组内	475.876	391	1.217	—	—
	总计	479.160	393	—	—	—
4. 校本课程满意度	群组之间	2.625	2	1.312	1.351	0.260
	在群组内	379.885	391	0.972	—	—
	总计	382.510	393	—	—	—
5. 小组合作主动性	群组之间	8.334	2	4.167	4.619	0.010
	在群组内	352.704	391	0.902	—	—
	总计	361.038	393	—	—	—
6. 体验式教学效果	群组之间	4.024	2	2.012	2.246	0.107
	在群组内	350.192	391	0.896	—	—
	总计	354.216	393	—	—	—

项目		平方和	df	平均值平方	F	显著性（P）
7. 师生关系	群组之间	1.092	2	0.546	0.887	0.413
	在群组内	240.778	391	0.616	—	—
	总计	241.870	393	—	—	—
8. 体验式课程满意度	群组之间	3.982	2	1.991	1.950	0.144
	在群组内	399.175	391	1.021	—	—
	总计	403.157	393	—	—	—

分析：以年级为自变量，8 个单项为因变量，进行单因素方差分析。结果发现，只在 1 个单项中，年级主效应显著。学生小组合作主动性方面（F=4.619，P=0.01），高一的学生在小组合作方面主动性比高二、高三学生更强。

（三）体验式教学效果对体验式课程满意度的影响

体验式教学效果对学校体验式课程满意度影响的回归分析。

回归分析模型摘要

系数 [a]						
模型		非标准化系数		标准化系数	T	显著性（P）
		B	标准错误	Beta		
1	（常数）	0.961	0.146	—	6.582	0.000
	6. 体验式教学效果	0.726	0.039	0.681	18.399	0.000
a. 应变数 \: 8. 体验式课程满意度						

分析：以体验式教学效果为自变量，以体验式课程满意度为因变量进行线性回归分析发现，回归系数 β=0.681（T=18.399，P=0），学生对体验式教学方式的认可度影响其对学校体验式课程的满意度。学生对体验式教学方式认可度越高，对学校体验式课程越满意。

（四）体验式教学效果对师生关系的影响

以体验式教学效果为自变量的线性回归分析。

回归分析模型摘要

系数 a						
模型		非标准化系数		标准化系数	T	显著性（P）
		B	标准错误	Beta		
1	（常数）	2.103	0.124	—	16.969	0.000
	6. 体验式教学效果	0.493	0.034	0.596	14.707	0.000
a. 应变数 \: 7. 师生关系						

分析：以体验式教学效果为自变量，以师生关系为因变量进行线性回归分析发现，回归系数 β=0.596（T=14.707，P=0），说明体验式教学效果正向预测师生关系变化，学生对体验式教学认可度越高，其与教师的关系越融洽。

（五）小组合作主动性对体验式教学效果的影响

以小组合作主动性为自变量的线性回归分析。

线性回归模型

系数 a						
模型		非标准化系数		标准化系数	T	显著性（P）
		B	标准错误	Beta		
1	（常数）	2.011	0.159	—	12.677	0.000
	5. 小组合作主动性	0.455	0.044	0.460	10.243	0.000
a. 应变数 \: 6. 体验式教学效果						

分析：以小组合作主动性为自变量，以体验式教学效果为因变量进行线性回归分析发现，回归系数 β=0.46（T=10.243，P=0），说明小组合作主动性显著地正向预测体验式教学效果。学生在小组合作学习中参与度越高，其在体验式教学活动中的效果越好。

（六）学习成绩对体验式教学效果的影响

以学习成绩为自变量的线性回归分析。

线性回归模型

模型		非标准化系数		标准化系数	T	显著性
		B	标准错误	Beta		(P)
1	（常数）	3.107	0.141	—	22.095	0.000
	2. 学习成绩	0.146	0.041	0.176	3.539	0.000
a. 应变数 \: 6. 体验式教学效果						

分析：以学习成绩为自变量，以体验式教学效果为因变量进行线性回归分析发现，回归系数 β=0.176（T=3.539，P=0），说明学习成绩正向预测体验式教学效果。学生学业成绩越高，其在体验式教学活动中的效果越好。

综上所述，体验式课程基本达到预期。学生对于学校课程整体满意度不高，学生对课程多样化需求仍然较大，课程设置有待进一步优化。但是，学生对于学校校本课程和体验式课程满意度更高，一定程度上说明学校体验式课程开设得到了大部分学生的认可，达到了学生的基本预期。此外，诸多因素影响体验式教学效果。学生的小组合作主动性、学习能力、学业成绩，尤其是学生的小组合作主动性明显促进了体验式教学效果的达成。

第三节
普通高中体验式课程的开发与实践

2019年6月，《国务院办公厅关于新时代推进普通高中育人方式改革的指导意见》颁布，强调积极主动的学习态度，倡导学生主动参与、乐于探究、勤于动手，培养学生获取新知的能力、分析和解决问题的能力，以及交流与合作的能力；强调课程结构的综合性、均衡性和选择性，要加强课程内容与学生生活与现代社会和科技发展的联系，关注学生的学习兴趣和经验，要改变课程管理过于集中的状况，实行国家、地方、学校三级课程管理，增强课程对地方、学校及学生的适应性。面对新形势、新课改、新要求，要对学校的课程重新进行认识、梳理、调适，通过课程建设铺垫学生成长的道路，促进学生德行养成，陶冶学生的人格、发展学生的个性、培养学生的创造力。

一、整合改编，试点国家课程校本化

从普通高中学生的学情出发，对国家课程资源重新进行编排、组合，拓展提升，克服学科学习中的去情境化问题，引导学生体验、探索学习的过程，感知体验学习的快乐与获得感，以培养学生自主发展、合作参与、实践创新的能力，以语文、英语、数学学科为主要研究对象。

（一）主题引导式

首先，根据国家课程标准以及学生的实际特点和学情制定课程纲要；其次，基于课程纲要明确的主题内容收集案例，分类整理并挑选最典型、最具代表性的案例；再次，依据课程标准进行整体规划，按不同学段和不同层次的学生分层实施体验式活动任务，做到有的放矢，从而提高体验式教学的针对性和有效性。即制定纲要—收集案例—分类整理—整体规划—分层实施。

例如，根据体验式教学的特点，针对学生在英语语言学习方面的困难和需求，结合他们的兴趣、爱好，设计并开发了"高中英语体验式阅读读本"，该课程确定了7个典型话题，分为7个单元21课时，作为学校拓展选修课，供高一和高二年级学生走班选修。

（二）改编拓展式

课前阅读体验—课中情境体验—课后拓展体验。

例如，弘桥中学针对大部分学生数学能力相对较差的情况，删繁就简，删难就易，对原有国家数学课程进行部分删减和课外扩充。在一定程度上降低部分知识性内容的难度，增加理解性和阅读性内容，适合偏向文科，特别是艺体特长生的学习情况。增加了大量与现代中学生生活息息相关的生活情境，鼓励和引导学生在生活中发现数学、体验数学、感悟数学，并最终学会应用数学。此外，在体验式数学校本课程教学中，课前增加阅读体验，帮助学生们了解数学文化，课后增加相关链接，拓展了学生们的数学认知。

（三）学科交叉式

跨学科的整合有两种形式：一是"任务驱动"，同一问题同一个知识点在不同学科中呈现，通过整合，让学生从不同角度理解领会和运用其知识点；二是"学科融通"，利用不同学科的知识解决同一个问题，将不同背景下的知识点有机联系起来，培养学生综合解决问题的能力。

1. 任务驱动。

任务驱动主要有项目设计课程、社会实践课程、生涯规划课程等。

以杨柳老师的班徽设计项目活动策划案例为例：学生上网搜集"徽章"的相关资料，了解什么是"徽章"，由哪些要素构成。然后根据各个小组的创意制作一个"徽章"，再利用 PPT 或者 flash，制作一份徽章的简介，接着将这份简介制作成精美的说明书，并印制装订出来；最后在班上组织成果发布会或评选活动，评选出最具有班级特色的徽章。

例如，研学旅行，学校明确研学旅行的目标，然后选择资源，与旅行社合作组织课程实施，最后完成课程评价。与旅行社合作编写的《研学旅行手册》是研学活动的行动指南，也是实现学生自我管理、自我教育的基本保障。

2. 学科融通。

整合语文与政治课程、语文与历史课程、美术与健美操课程等。

以华倩老师的健美操服装配色练习教学案例为例：鉴于武汉市弘桥中学是健美操特色的艺体学校，教学过程中将美术与健美操相融合，充分发挥美术专业学生的创意能动性，开设一节健美操服装配色练习课，让学生体验当设计师的感受。学生们在通过体育老师了解本校健美操运动特点的同时，也了解了相关服装设计的知识。华倩老师调查健美操学生的喜好与感受后进行分析总结，指导学生运用所学的色彩知识，充分发挥创造力和表现力，进行创作。课堂上学生们积极踊跃，兴致盎然，作品精彩纷呈。最后征求健美操老师和学生的意见，设计制作了健美操队队服。美术课与健美操课程的融合交流，让学生们自己的作品变为可行实物，真正做到从书本的理论走向实践，感受一次做设计师的真实体验。

二、自编自创，锻造学校特色课程

（一）德育课程化、校本化

在体验式教育理念的指导下，按照学生的课程需求以及可得到资源的分析，开发全新的活动课程。

例如，体德课程充分利用武汉市的地方资源，设计开发并组织实施了德育课程、主题体验活动，进行学科德育渗透，构建学校、家庭、社会"三位一体"德育模式，使德育课程系列化、课程化。在学习实践过程中，营造德育的良好氛围，学生在体验活动的过程中，逐步唤醒生命价值，感悟生命的意义，培养积极、向上、乐观、感恩的阳光心态。这些课程潜移默化地影响了学生的思想观念、价值取向、行为方式，提升了学生的道德素养，塑造了学生健全的人格，改变德育说教化、空洞化、僵硬化的现状。学生在学校、家庭、社会生活等方面全方位进行体验实践活动，在活动中内化、积淀，逐步形成良好的行为习惯。

（二）艺体课程化、特色化

主要有健美、声乐、播音与主持系列课程。

例如，体艺课程自编自创，锻造学校特色课程。在没有现成的国家、地方教材可用，或地方教材不适宜于本校学生实际的情况下，由相关专业教师根据自己的专业知识和经验，凭借本身专业技能，搜集整理相关资料，不断摸索、积累，不断设计、创编，再实践，修改，再完善，逐步提升，形成特色课程。

以秦静雅老师的竞技健美操案例为例：在前几年的教学中，学校没有现成的教材。全国开展健美操项目的中学相对较少，更别说有高中阶段健美操训练教材了。2017 年，学校实施体验式校本课程的开发与研究，创编了"竞技健美操"校本课程，填补了湖北省高中阶段竞技健美操教材的空白。在校期间，学生在教师的指导下进行体验式学习，回家后按照教材里面的图片和文字自我体验学习，并上交课后作业。两年多来，竞技健美操体验式教学研究已初见成效。与以前没有教材时相比，现在的升学和比赛的成绩要好很多。啦啦操向全校推广，每一名学生都会做，同时向汉阳区玫瑰园小学、车站小学、钟家村中学等推广运用。近年来，学校健美操队参加省、市级健美操比赛，并获得冠军。2019年3月，学校被评为招收体育特长班高中、艺术特色高中（美术）、体育后备人才（健美操、啦啦操）培养学校。

再以万丽老师的禅绕画案例为例：该课程来源于传统的美术工艺类装饰图案课，相较于传统装饰图案课，要求更为严格。禅绕画近年来广泛流行于欧美国家，属于"网红"课程，作者在画画时能够深度专注，因此又被称为"心灵瑜伽"。开发此项目的老师在大学期间学过相关的工艺类课程，并在研究生期间教授过平面构成类的工艺课程，受到网络上禅绕画的启发，就产生了将其引入高中课堂的想法，以此来丰富高中生的美术课程，增强美术的实用性和趣味性。通过一系列的课程实验，教学效果非常好，学生参与度很高，而且能够画出质量较高的禅绕画作品。

三、项目引导，推广综合体验课程

实验做好一个项目，总结经验，形成"模版"，编制活动手册，指导活动开展。

1. 项目合作研学旅行课程。

学校与旅行社合作，组织一次研学旅行，在此基础上编写《研学旅行手册》，引导后续项目的开发与开展。

学校明确研学旅行的目标，然后选择资源，与旅行社合作组织课程实施，最后完成课程评价。与旅行社合作编写的手册是研学活动的行动指南，也是实现学生自我管理、自我教育的基本保障。手册包括研学旅行组织架构、联系网络、课程简介、行程安排、研学课题等方面的内容，做到有明确具体的内容和强操作性。

2. 项目引导研究性课程。

例如，高二（1）班班徽设计活动，通过引导学生设计班徽，综合运用语文、美术、信息技术等课程知识，在实践中提高学生的综合能力。下表是某一学生小组的活动安排。

3. 项目共建生涯规划课程。

以"学校教师＋校外职业体验基地＋外聘专家库＋互联网"模式整合校内外优势资源，

项目设计活动安排

姓名	职务	负责内容	学科知识点
严嘉雄	组长	组织设计班徽构图	美术
孙永康	组员	班徽材料	理化知识
余逸	组员	班徽上色	美术色彩搭配、线条
喻至诚	组员	班徽制作	劳技
马定成	组员	班徽打印	微机
罗再德	组员	班徽介绍	语文
陈林初	组员	项目小结，制作 PPT	微机
郭振	组员	项目说明书	语文

为学生生涯发展搭建广阔平台。充分发挥学科骨干老师的学科优势和校外专家的专业引领作用，并借助互联网云平台的互联互通、即时交互的强大功能进行生涯测评和及时咨询，挖掘校外职业体验基地资源，带领学生走进大学、企业、农场等实践基地，从而让学生获得最真切的生涯体验。

例如，学校请来生涯规划师吴雪为学生们带来生涯启蒙讲座"我的高中生涯我做主——高中生生涯新篇章"，高一年级各班同步观看直播，以达到帮助学生们从学习方法、心理健康、人际交往等方面适应新的高中学习生活的目的。

四、体验式课程的实施策略

（一）学校选课走班策略

1. 三级选课走班。

依据《普通高中课程方案》（2017 年版），普通高中课程由必修、选择性必修、选修三类课程构成。体验式校本课程是在开齐、开足国家课程的基础上，以满足学生的兴趣爱好，张扬个性，彰显学校办学特色为目的，开设选择性必修课和选修课程。三类课程的实施，需要进一步研发弘桥中学选课系统，以便学生选课走班。

分层课程满足了走班制教学的需求。一级课程是必修课，全体学生全员参与，如国家课程中的必修课程，部分校本课程啦啦操、心理与健康、体验式主题班会等，按行政班组织学习，不走班。

二级校本课程是大部分学生的选择，作为选择性必修和选修课，学生走班。

三级校本课程是小部分学生的选择，作为选择性必修课，学生走班或组建特色班。

2. 校本课程选课小走班策略。

选课指导：学校设计选修指南，利用武汉教育云平台进行发布，明确限报人数、报名条件，由班主任到班讲解，并说明选课方式。开学第一周、第二周的星期四自习课时间，高一、高二年级分别开办"选课超市"，由学生进行选课。具体操作由年级组负责，每名学生每学期限报一门课程，且必须参加校园文体活动。采用填写"选报单"的方式，按学生投递的先后顺序由各开课教师当场确定选修该课程的学生名单，并以教师签名的"回执单"作为选报成功的凭证。教务处协助年级组完成学生的选课。

开办"课程超市"：年级组根据学生选课情况，协调各科选报学生名单，安排上课地点和时间，制成表格发给各班主任、授课教师及相关处室。每门课程（或每个模块）每周2课时，一学期共计30学时，另2课时参加文体活动。部分艺体类课程每周4课时，一学期共计60学时，每门课程（或模块）原则上限定一学期授完，实行年级走班制。第三周起全面开课，课程管理小组开始进行跟踪管理，及时处理相关问题，校本课程开发与管理委员会随机进课堂听课，保障校本课程的教学质量。

考核评价：学期结束，开课教师对学生进行考核评价，并给予相应课程学分。课程学分由平时学分、考核学分和奖励学分构成。考核形式可灵活多样，如当堂考试、小论文、小制作、试卷检测、实践活动等。校本课程管理小组根据开课教师教案、上课过程管理记载、学生反馈、教学效果对教师做出相应评价。

（二）体验式课程的活动策略

1."三位一体"（学校、家庭、社会）德育体验。

以学校为主导，以学生为主体，把体验活动生活化，让学生在体验中感悟成长。

主要途径：在德育课程中认知，在活动中体验，在学科教学中渗融，在校园文化中浸润。

层次性：循序渐进，不同年级目标侧重有所不同。

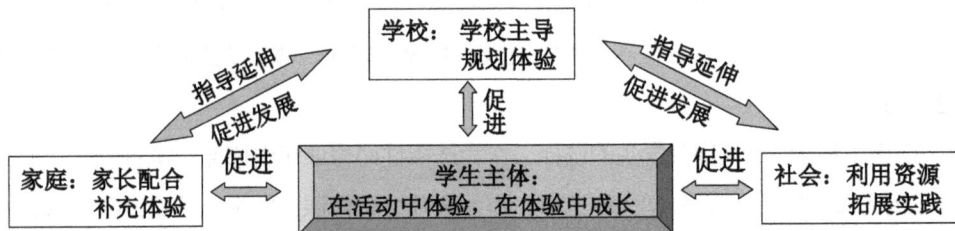

体验式德育模式

针对性：针对不同年级学生的年龄、心理等差别，目标侧重有所不同。针对学生实际，强调从我做起，从平时做起，从身边事做起。

操作性：贴近学生生活，目标与活动实践紧密结合，易于学生体验实践。

例如，调查家乡文化生活，记录家乡的人和物，翻阅家里的老照片，寻访照片背后的小故事，体验感悟家乡的巨变，进行家国情怀的浸润。

新老照片对比

高二（4）班一名学生写道：幼年的故乡是平静的，在田野上、枯草间、荒山里，坐落着一座座矮矮的小土屋，屋顶的小烟囱冒着袅袅炊烟，一条泥泞蜿蜒的土路在山中盘桓。不过几年，家乡就发生了翻天覆地的变化，一幢幢高楼拔地而起，院子里，马路旁，一簇簇鲜花竞相开放，往日的黄土路不见了，取而代之的是一条条四通八达、平坦、宽阔的马路。马路上车水马龙，自行车、摩托车、小轿车、大卡车……使人们的交通更加方便。

2. 导师引领生涯体验。

例如，学校联合校外专业生涯教育资源，为高一新生设计了形式新颖、内容丰富的"生涯游园会"：赢在弘桥、探索自我世界、专业职业万花筒、选科规划区、高中生自我管理提升、让梦想照亮现实等。整个活动采用生涯导师引领的方式，让组织活动的学生及参与活动的学生从不同的角度体验生涯规划的意义。

在生涯游园会活动中，枯燥的理论知识被设计成多种"测评游戏"。学生们通过玩"星球移民计划""早点行动"等游戏，获取自己的兴趣档案，了解自己的兴趣所在，运用"我"的独家代码探索自我世界，解码自己的性格特点。"专业丛林大搜索""选科规划之3X"等环节帮助学生全方位地了解各自兴趣爱好和特长、专业和职业对应的学科；"让学业理想照进现实""赢在弘桥，逐梦世界"等活动，引导学生通过脚踏实地、坚持不懈的努力，实现心中的梦想。

高一（2）班一名学生表示："一上午的生涯规划活动带给我强烈的内心冲击，这些新颖的活动形式让我开阔了视野，增长了知识，使我认清了自己的位置。这次活动必将成为我成长道路上的催化剂，在接下来的三年中，我将合理地规划自己的职业道路。"

3. 校企合作研学旅行主题体验。

例如，学校与旅行社合作，开展了主题为"探寻矿物奥秘，感受荆楚文明"的研学旅行活动。高一和高二年级的学生来到湖北黄石，开展了为期两天的研学旅行活动。学生们分别来到黄石国家矿山公园、黄石矿博园、龙凤山校外教育基地进行实地考察探究，通过实地调查、参观，体验到了书本上学不到的东西。

4. 课内情境活动体验。

以柳阳老师的"线上模拟体验庭审窦娥冤"案例为例：《窦娥冤》为高中语文人教版必修四中的一篇文章，在网上开展体验式教学，通过创设开庭审理窦娥毒死他人一案的情境，引导学生深入阅读剧本，分析剧情，研究细节，以辩护律师的身份，选择为原告（张驴儿）撰写发言或为被告（窦娥）撰写辩护词，在线上进行模拟开庭审理，在"唇枪舌剑"中锻炼学生的语文逻辑推理能力、语言表达能力，收到了良好的教学效果。

（三）体验式课程的教学策略

体验式教学即创设各种情境，在各种活动或实验中，或运用各种手段模拟一种情境，让学生在自主学习中体验。在师生交流中切磋体验，在课堂教学中渗透体验，在创新教育中体验快乐与成功，以促进教与学形式的改变，不断提升教学质量，形成学校教学特色。

体验式学习采用"多重感官学习法"，包括小组研讨、深度会谈、情景活动、角色扮演、静心冥想、问卷分析、作业练习、行动指南等内容。

体验式教学的原则：自主、合作、探究、展示，即在课堂上让学生充分自主体验，深度合作体验，重点探究体验，竞相展示体验。

主要形式：在学科教学中，学生参与课前备课，课中翻转课堂、生师互动、生生对话合作以及课本剧人物角色扮演，课后拓展探究调查等。

体验式教学流程：创设情境—引导体验—拓展提升—总结评价。

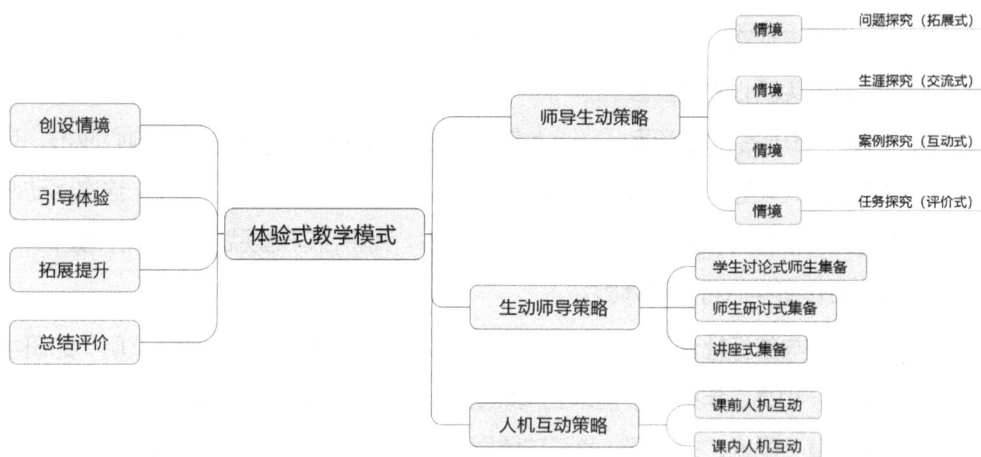

体验式教学模式

学生自主学习、积极探究，教师适时启发、总结、延伸、发散，通过师生互动、生生互动，让学生体验学习活动，领悟学科思想方法，师生共同体验教与学的成功。课堂应该由"关注知识"转向"关注学生"，教学过程中由"给出知识"转向"引起活动"，由"完成教学任务"转向"促进学生发展"。

体验式学习首先需要创设真实情境。真实情境主要是指现实的自然和社会情境，如自然地理环境、职业工作场景、人际交往情境和家庭生活情境等。还可以采用情境模拟来丰富学生的类真实体验。体验式学习情境不一定需要完全真实，其真实性程度也是可以模拟的。如果创设真实情境缺乏现实条件，可以通过情境模拟，这样既能反映出真实环境中的重要元素，又能避免真实体验带来的危险。

体验获得的感知是直观的、感性的，只有经历对问题、任务等的探究过程，才能从感性认识上升到抽象的理性知识。

五、体验式课程的评价策略

按照三级课程学分制，高中三年学生必修课程要修满 88 学分，选择性必修学分不少于 42 学分，选修学分不少于 14 学分。基于此，我们着重开展体验式课程的评价研究，形成以下评价策略。

（一）教学评价策略

教学评价策略主要从课程、教学、学习、效果四个维度进行评价，设定了目标、内容、过程、方法、效果等 13 个评价指标，采取 A、B、C、D 四个等级评定。在课程与教学中要聚焦学生课堂发言、参与讨论、作业与作业展示的机会，在学校内部实现公平。

课程方面要注重联系生活实际，设计要适合学生开展体验活动，具有生活性、能动性、强操作性，具有学习层次，适合不同学生建构自己的知识体系；要以学科知识点为基础，向生活开放，向课外延伸，向学生精神层面和人文素养的深度拓展；要有跨学科的资源整合或不同媒介的资源整合等。

教学方面要创设生活化、可操作性、能动性的体验情境，引导不同层次的学生积极参与体验活动并全情投入；及时总结，乐于分享体验成果；开展合作交流，让学生自主构建属于自己的知识体系。

（二）活动评价策略

1. 体验式主题班会活动评价。

评价办法：由学校政教部门依照评价表对班级开展主题班会进行评价，每学年开展数次主题班会展示评比活动，以评价指导主题德育实践活动，通过评价来指导教师精心设计活动方案，引导学生开展德育体验活动。

评价标准：主要从内容、形式、过程与效果四个维度进行评价。内容方面按照"近、小、亲、实、新"的原则分解具体指标；形式方面要体现班级活动的体验性、艺术性和创新性，与学生的年龄特征相符；活动过程要能体现主题，体现学生活动的主体性、全员性和创造性；效果方面着重于目标实现，学生兴趣浓厚，有发现，有体验，有感悟，有反省，有收获。

2. 体德活动课程评价。

评价方式：学生自评、同学互评、家长评价。学生自评主要包括孝亲敬长、尊重师长、关心同学、关心集体、勤俭节约、遵规守纪、爱护环境、热爱劳动、学习习惯、学习能力等指标。同学互评主要包括关心同学、关心集体、爱护环境、热爱劳动、学习态度。家长评价主要包括孝亲敬长、勤俭节约、学习态度。

评价内容：思想品德、学业习惯、操行习惯等。

评价要求：形成四个"不唯论"。

评价主体方面，不搞"唯师论"，而是学生自主评价，老师、家长、社区共同参与；评价内容方面，不搞"唯学习论"，对学生进行全方位评价，突出德育评价；评价方法方面，不搞"唯一次论"，而是将过程评价与总结评价相结合，发挥点滴评价的作用；评价功能方面，不搞"唯评价论"，而是要将评价与反馈、表彰、宣传相结合，发挥评价的激励作用。

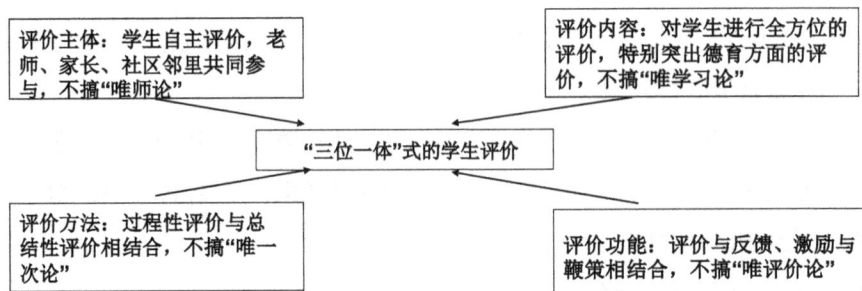

评价主体：学生自主评价，老师、家长、社区邻里共同参与，不搞"唯师论"

评价内容：对学生进行全方位的评价，特别突出德育方面的评价，不搞"唯学习论"

"三位一体"式的学生评价

评价方法：过程性评价与总结性评价相结合，不搞"唯一次论"

评价功能：评价与反馈、激励与鞭策相结合，不搞"唯评价论"

"三位一体"学生评价

3. 生涯规划评价。

利用专业的测评软件进行综合的自我分析，从职业兴趣、职业技能以及价值观等三个方面进行自我探索；学生在了解自我、了解职业的基础上，利用决策方法，形成初步的职业发展规划，确定职业目标，并制定行动计划。同时，通过观察、记录学生的学习表现、课后行动、作业完成情况对学生进行量化评价。

生涯规划课评价表

	学生表现	等级A（10分）	等级B（6分）	等级C（3分）	等级D（1分）
课堂参与 （30分）	认真聆听（10分）				
	积极思考（10分）				
	乐于交流（10分）				
小组合作 （20分）	积极承担（10分）				
	积极分享（10分）				
课后行动 （50分）	等级	等级A（5分）	等级B（3分）	等级C（2分）	等级D（1分）
	认识自我（5分）				
	职业访谈（5分）				
	职业体验（5分）				
	专业调查（5分）				
	等级	等级A（30分）	等级B（20分）	等级C（10分）	等级D（5分）
	撰写生涯规划书 （30分）				
备注：80至100分优秀，60至79分合格，59分以下不合格。					

（三）学习评价策略

学生参加课程的体验，通过三个层面进行自我认知与评价。学校要重视学生的真实感受与体验，从而通过学生的自我评价调整课程内容和活动设计，尊重学生对课程的兴趣与选择权，特别是选修课程、校本课程。

体验的过程性：通过亲身经历，从感官感受来查验对课程的适应性，查验身体上是否接受，心灵上是否认同。

体验的深度：通过是否主动参与，是否沉浸于活动，心理上是否喜欢等查验。

体验的效果：以对课程（活动）是否形成印象，心理上的体会是否深切为指标。

学生体验学习质性评价

一级指标	二级指标	三级指标
体验过程	亲身经历 感官感受	1. 课程（活动）让我很期待； 2. 我喜欢这门（次）课程（活动）； 3. 我感到困惑； 4. 我感到紧张； 5. 学习（活动）浪费时间
体验深度	主动参与 分享交流	1. 我进入（沉浸）了角色（情境）； 2. 我喜欢（讨厌）扮演这个角色，我能够按照角色（情境）思考、行动； 3. 我独立完成了操作（实验），发表了自己的看法； 4. 我配合了团队活动，有自己的看法； 5. 我无法进入角色（情境），无法完成操作（实验），无法交流分享
体验效果	形成印象 自我发展	1. 我有成功感、幸福感（累并幸福）； 2. 课程给我留下深刻印象； 3. 我要在这方面继续发展； 4. 我没有印象； 5. 我有挫败感、失落感

第四节
多元学科视角下的体验式课程构建

一、政治学科体验式课程教学策略

以高中思想政治课为例，探讨如何运用体验式学习的策略，如创设真实情境，情景模拟，重视体验后的反思总结提升，以达到相应的教学效果。

（一）现实的需要

如何把一堂高中政治课上得既思想深刻又生动活泼，对政治课教师而言是极具挑战性的。一直以来，思想政治课以其独特的思想育人功能备受国家教育主管部门重视，承担着培育社会主义事业接班人的使命，是培养学生良好品德、高尚情操的主阵地，但同时思想政治课也容易被贴上"枯燥乏味、空洞说教"的标签，这严重影响了课程的德育实效。

究其原因，主要在于思想政治课课堂教学方式单一，加上高中思想政治课相对于初中的品德与生活更加抽象，学生不易理解。改善高中思想政治课的课堂教学迫在眉睫，除了要增强教学的趣味性、生活性，更重要的是要增强其体验性，结论不应是老师和书本直接给予的，而应是学生自己从学习中有所体验、有所感悟的。

体验式教学就是倡导学生在体验中学习，这种教学方式非常适合高中思想政治课的教学。

（二）体验式学习理论在思想政治教学中的应用

1. 创设教学情境。

早在 20 世纪初，杜威针对学校过于注重间接经验和接受学习的弊端，从其经验论哲学出发，系统地阐述了体验式学习的本质。在杜威看来，"教育即经验的改造或改组"，应以儿童的经验为基础，并以儿童的经验增长为目的。由于儿童的经验总是具体的、现实的，而"做"是儿童的天性，所以其学习应该发生在经验的具体情境中，通过"做"从经验中学习；从经验中学习，并不是单纯获得活动体验，而是要求学习者进行"反思性思维"，即把思想从活动结果返回到最初的假设和猜测，实现对经验的改造。杜威之体验式学习的内涵是"直接经验＋反思"。

华东师范大学庞维国教授给教师们提供了较为具体的指导意见：教师应从经验构筑和学习反思两个核心环节入手。这对思想政治课开展体验式教学有很大启发。

高中思想政治课知识分为抽象理论型的知识和思想感悟性的知识两类，如经济生活中的货币流通规律、汇率、价值规律、基本经济制度，政治生活中的党的理论、特色社会主义理论等都属于抽象理论型知识，这一类知识需要通过增强学生学习体验，化抽象为具体，从具体生活体验出发，上升到抽象的理性知识。而树立正确的金钱观、消费观、就业观，热爱中国共产党，热爱社会主义等都属于思想感悟型知识，不仅要解决知与不知的问题，更要解决信与不信的问题，这需要通过增强学生的学习体验，让他们切身感受到理论与现实的融合统一，增强对政治理论的认同感。

以高中思想政治课必修——经济生活第一课"神奇的货币"为例，这一课中接连出现多个专业术语，如商品、使用价值和价值、货币的基本职能、货币的流通规律，以及汇率等。如果单纯依靠老师讲授，这些经济概念对于刚刚上高一的学生来说理解起来会有难度，于是教师借助电子课件创设了超市的模拟情景。以琳琅满目的超市，引导学生思考：超市的物品都可以买回去吗？怎样才能把你需要的物品带回去？购物时货币起到怎样的作用？若有一天发现原来一元钱可以买到一瓶水，现在却需要两元钱，这是为什么呢？若是到国外超市去购物，又会出现什么状况呢？

构筑学生的真实学习体验或类真实的学习体验，有助于学生从亲身经历中发掘有趣的经济现象，鼓励学生自主概括出抽象的经济理论，也让学生真切感受到日常生活中蕴藏着丰富的学习资源，需要学生们善于观察、善于思考。

再以政治生活必修课中的"中国共产党：以人为本、执政为民"为例，介绍了党的根本宗旨、指导思想以及执政理念，需要学生树立坚持党的领导的信念，增强对党的热爱度和信服感。抽象的理论和深刻的思想只有与鲜活的现实结合起来，才能帮助学生从心底由衷地感受到"没有中国共产党就没有新中国，就没有人民的幸福生活，就没有中华民族的伟大复兴"。带领学生走进真实的社会，走访身边的党员模范干部，参观党史纪念馆、博物馆、科技馆等，搜集近年来我们国家取得的伟大成就等。通过创设这些真实的情境，让学生走进生活，感悟生活，从而热爱生活。体验式学习的方式使政治理论不再空洞无力，使政治课程焕发出无限的生机活力。

2. 学习反思的应用。

我们教学中往往忽视了学习反思这一关键环节。

体验式学习理论语境下的反思是指对直接经验的转换，它既包括对经验的概括、归纳与提升，也包括对学习过程与结果的评价。

引导学生对经验进行概括、归纳与提升，可以按照"4C"反思模式进行：连续(Continuous)反思——在直接经验进行之前、之中、之后连续进行反思，回顾并概括出自己从经验中获得的知识；关联(Connected)反思——把直接经验与学习目标关联起来，特别是把具体经验与课堂学习的抽象概念联系起来；挑战性(Challenging)反思——以一种更为宽泛、新颖、批判性的方式审视自己的经验，提出某些理论假设并对其进行检验；情境化(Contextualized)反思——思考自己的经验情境与实际应用情境之间是否存在有意义的联系。

如高一政治课"企业的经营"中，在学生学完有关企业的知识后，教师让学生们开展小组合作，设计一家未来的公司。小组活动极大地激发了学生们的参与热情，他们在相互合作中体验到了公司经营的诸多方面知识和合作的快乐，最后小组合力展示出一个又一个公司，如第一小组的"您的私人裁缝"，第二小组的"动感咖啡屋"，第三小组的"佩奇宝宝托儿所"，第四小组的"弗如闲淡书屋"，第五小组的"鲸歌漫刊工作室"，第六小组的"安布雷拉医药公司"，第七小组的"四个人公司"等。小组成员一起设计了企业的名称、经营范围、经营策略、组织机构等，有的组还设计了精美的 logo，学生们体验了一个公司筹划的过程，很有成就感。

紧接着，教师播放了阿里巴巴集团从开始创立到艰难融资创业，再到成功上市的视频资料。阿里巴巴集团在激烈的市场竞争中不断发展壮大的故事让学生们思考如何才能实现小组公司的发展壮大。进而引导学生开展一系列反思：一个公司发展壮大是不是一帆风顺呢？（连续反思）阿里巴巴集团是如何做到的呢？我们能否将这些成功的经验照搬到我们小组公司呢？（关联反思）将来如果真的有机会去实现这个公司梦，还要考虑哪些情况？（挑战性情景化反思）

继而引导学生再次反思公司成功经营中必须注意的问题，进一步完善了公司的经营策略。最终，全班学生投票评选出最具前途奖公司，第三小组的"佩奇宝宝托儿所"高票当选。整个课堂教学通过创设情境，拉近了学生与课本知识的距离，让学习变得轻松愉悦，并引导学生从直观的体验到深层次的思考。

体验获得的感受是直观的、感性的，只有通过总结反思才能最终从感性认识上升到抽象的理性认识；若缺乏反思这一过程，空有体验，则难以达到政治课教学的目的，所以学生需要在体验中反思，在反思中体验。

总之，完整的体验式学习的过程应该是：首先，创设情境，学生体验；继而课堂展示，分享感悟；最后总结反思，评价提升。在促进学生体验式学习的过程中，教师应重点把握经验构筑和学习反思两个核心环节。

二、数学学科体验式课程教学策略

在高中数学教学中，教师应引导学生亲历知识的生成过程，让学生体验数学发现和创造的历程，力求在课堂中形成一种"研究问题"的气氛，鼓励学生在学习过程中养成独立思考、积极探索的习惯，发展他们的探索创新能力。

《普通高中课程标准实验教科书·数学4》（人教版）中关于"任意角三角函数"的内容是初中课本里有关角的概念的推广，这节课关系着学生对三角函数的学习成效。

（一）教学过程简述

1. 创设情境。

多媒体展示跳水运动员的动作。我们所熟悉的运动员旋转角度，这些角度应该怎样解释？在学生急切地想知道答案的渴望中引入角的概念的推广，进而进入任意角的学习。

2. 任意角的生成。

教师：跳水运动员有转体一周半、两周半的动作，运动员分别旋转了多少度？

学生（众）：500°和900°。

教师：怎样表示跳水运动员旋转方向？

学生甲：向前转体，向后转体。

教师：请大家回顾初中学习的角的定义和范围。

教师：刚才运动员旋转的角度为什么不在0°～360°？

学生乙：我们之前所学的角的范围是0°～360°，不足以描述这些角。

教师：你还能举出不在0°～360°范围的角的实例吗？

学生乙：拧螺丝，正两圈和反三圈。

教师：刻画这些角的关键是什么？大家可以交流自己的想法。

学生丙：旋转方向和大小。

教师：说到了关键，旋转方向和旋转量，那么怎样表示旋转方向和旋转量？我们可以类比正、负数。

学生稍作思考，老师给出以下规定：一条射线绕着它的端点按逆时针方向旋转而形成的角叫正角，按顺时针方向旋转形成的角叫负角，如果不作任何旋转，称它形成了一个零角，今天我们就来学习任意角。教师用几何画板呈现正角、负角和零角。

在学生了解任意角的概念后，教师让学生表示跳水的两个旋转角，又给出了生活中的钟表校准问题，应用知识。

教师：如果当你发现手表上的时刻慢了 5 分钟，你校准手表时，分针旋转角度是多少？如果是快了 5 分钟呢？

学生丁：前种情况校准手表要将分针旋转 −30°，后种情况要将分针旋转 30°。

3. 象限角的生成。

学生很好地理解了任意角的概念，这节课进入了教学的重点——象限角。

教师：请大家以同一条射线为始边做出下列角：−60°，405°，210°，−450°。

学生作图完成后，教师让几名学生展示。学生作的角，以一条射线作为始边，没有固定的参照，做出的角形式各异。

教师：大家做得都非常好，如果将这些角都放在平面直角坐标系中，会怎样？如何作出这些角呢？

学生戊：使角的顶点与坐标原点重合，角的始边与 x 轴重合。

教师：这样做很好，放在平面直角坐标系中，使得任意角的讨论有一个统一的载体。

接着教师给出规定：为了方便讨论问题，也为了方便研究三角函数，跟刚才大家做出的规定一样，在平面直角坐标系中研究和讨论角，使角的顶点与坐标原点重合，角的始边与 x 轴非负半轴重合，那么角的终边落在第几象限，我们就称这个角是第几象限角。同时，用多媒体演示象限角。

教师：以上大家所做的这些角是第几象限角呢？

学生己逐一回答，但面对最后一个角 −450°，学生摇头说不知道。

教师：前面回答得很好，对于 −450° 这个角，它的终边落在坐标轴上，不属于任何一个象限，不是象限角，同类的还有 0°，90°，180°。

4. 终边相同的角的生成。

把角统一放在平面直角坐标系中，得到了象限角的概念，这节课进入了教学的重点也是难点——终边相同的角。

教师：锐角是第几象限角，钝角和直角呢？反之如何呢？请大家讨论。

学生（众）：不一定。

教师：将角按上述方法放在直角坐标系中，给定一个角，是否有唯一一条终边与之对应？（学生点头肯定）

教师：对于直角坐标系中的任意一条射线 OB，以它为终边的角是否唯一？（学生摇头否定）

教师：那么，终边相同的角有什么关系？请大家在直角坐标系中标出 120°，-150°，570° 角的终边，你有什么发现？它们有怎样的数量关系？（学生作图并思考）

学生庚：这三个角的终边相同，$-150° = 210° - 360°$，$570° = 210° + 360°$，角度相差 360° 的整数倍。

教师：你还能找到一个和 210° 的终边相同的角吗？

学生庚：$930° = 210° + 2 \times 360°$

教师：能否用符号表示所有与 210° 的终边相同的角 b 呢？

学生庚：$b = 210° = k \cdot 360°, k \in Z$

教师：你所表示的角包括 210° 吗？

学生庚：包括。

教师：那么 k 取何值？

学生庚：k 取 0。

教师：将刚才的式子用集合形式表示为 $S = \{b | b = a + k \cdot 360°, k \in Z\}$，我们知道 210°，-150°，570° 都是集合 S 的元素，你能谈谈对这个集合的理解吗？

学生辛：所有与 210° 角终边相同的角，连同 210° 在内，都是集合 S 的元素；反过来，集合 S 的任何一个元素都与 210° 角的终边相同。

教师：现在给你一个角 a，大家能把所有与 a 终边相同的角，连同角 a 在内的集合表示出来吗？你能谈谈对终边相同的角的理解吗？

学生对问题的探究已水到渠成，很自然地得到终边相同的角的数学符号表示，$S = \{b | b = a + k \cdot 360°, k \in Z\}$ 也较好地理解了终边相同的角不一定相等，它们有无数

多个，相差 360° 的整数倍，在直角坐标系中，角的终边绕着原点旋转 360° 后回到原来位置，因此在直角坐标系中讨论角可以很好地表现角的"周而复始"的变化规律，教学难点迎刃而解，这在后面学生完成习题的效果中得到验证。

（二）从本课看高中数学体验式教学

1. 创设生活情境让学生体验学习的必要。

学生对新授课的学习在认知上会抱有一种好奇感：为什么学它，它是什么，它有什么用？因此，新授课在问题的引入环节必须解决好这个问题。

数学抽象概念的形成有着生动具体的实际背景，要创设既与学生生活环境、知识背景密切相关的，又是学生感兴趣的学习情景，让学生在观察、操作、猜想、交流、探究等活动中逐步体会数学知识的产生、形成和发展的过程，体悟数学的思想，获取积极的情感体验，同时掌握必要的知识和技能。

在这节课的开始，教师为学生创设了跳水运动员旋转角的问题情境，引起了学生的兴趣，进而引入角的概念的推广问题。此外，让学生表示手表校准的旋转角，运用知识得到了体现。

细细品味高中新课程教材，不难发现：教材的前言、例题、习题、阅读与思考等内容大都选择了学生感兴趣的，与学生生活实际密切相关的素材，现实世界中的常见现象或其他科学的实例，展现数学的概念、结论，体现数学的思想、方法，反映数学的应用。这些使学生感到数学就在自己身边，数学的应用无处不在。

2. 问题导学引导学生体验知识生成。

数学教学应该返璞归真，努力揭示数学概念的发生、发展过程，体现数学本身的自然。如果教师不注重知识的生成，平铺直叙地教学，将所有的概念直接呈现出来，让学生被动接受、机械记忆，那么数学思想方法的渗透、思维能力的培养，都将无从谈起。这样的教学维度单一，形式单调，无疑是低效的，也会无情地浇灭学生学习数学的热情。

本节课的教学，力求使学生理解任意角、象限角的概念，掌握终边相同的角之间的关系，知识的生成层层推进。教师不是"介绍式"地直接讲授这三个概念，而是通过"问题导学"的方式引导学生探究知识。在情景导入中，教师提出运动员旋转的角度为什么不在 0°～360°。这一问题引发了学生的认知冲突，激起了学生的求知欲，进而进入角的概念的推广。在任意角的生成中，根据学生已有的经验，教师提出"刻画这些角的关键是什么"，让学生透过现象看到本质，刻画角的关键是旋转方向和旋转量，进而得到正角、负角和零角的概念。在终边相同的角的生成中，教师提出"锐角是第几象限角，钝角和直角呢？反之如何"的问题，让学生从锐角、钝角和直角思考终边相同的角的关系，符合学生既有的学习经验，将新知识的学习建立在学生的"最近发展区"，引导学生由未知向已知，步步推进，层层深入，帮助学生形成学习经验，实现知识的迁移。

教师根据教材内容设计出一个个问题让学生自主探索、动手实验，自始至终都是学生思考、学生探索和学生参与，教师只是加以引导和调控，激发了学生思考的积极性，学生表现得"愈战愈勇"，气氛相当热烈，效果非常好，充分体现了学生主体、教师主导的新课程理念。

3. 操作体验，探索发现，让学生去"做"数学。

数学家波利亚提出"学习任何知识的最佳途径就是由学生自己去发现。因为这种发现，理解最深刻，也最容易掌握其中的内在规律和联系"。教师在教学过程中，要创造机会让学生动手操作，探索发现，参与知识的"再创造"，体验数学知识的发生和发展过程。

课堂上，在象限角的生成中，教师让学生以同一条射线为始边作出下列角：$-60°$，$405°$，$210°$，$-450°$。学生自然地会思考怎样研究角更方便。在终边相同的角的生成中，教师让学生在直角坐标系中标出$210°$，$-150°$，$570°$角的终边，学生自然地会思考终边相同的角的关系。让学生亲自动手实验，去"做"数学，在"做"的过程中激发学生学习数学的积极性，这样既有利于鼓励学生在学习过程中养成独立思考、积极探索的习惯，培养创新精神，更有利于培养学生形成科学的学习态度和方法，掌握学习的经验，这是比学习知识本身更为重要的。

4. 总结反思让学生体验学习的成功。

一节高中数学课，教学的容量相当大，对于学生而言，怎样在众多的认知中总结最精华的思想、方法是教学中要着力解决的。在生成终边相同的角的概念后，教师提出诸如"你能谈谈对集合 $S=\{b|b=a+k \cdot 360°, k \in Z\}$ 的理解吗？""你能谈谈对终边相同的角的理解吗？"的问题，通过引导学生总结、反思，让学生加深对知识的理解，学会高效地获取知识信息，养成反思总结的习惯，提高学生的自主学习能力，为学生构建明确清晰的知识网络。

《普通高中数学课程标准（实验）》指出：高中数学课程应该返璞归真，努力揭示数学概念、法则、结论的发展过程和本质，通过分析典型例子和学生自主探索活动，使学生理解数学从概念到结论逐步生成的过程，体会蕴含在其中的思想方法。因此，高中数学教学的设计不能只局限于对知识的记忆、模仿和接受上，要让学生经历自主探究知识的过程，这样不但能使学生逐步掌握知识本质，体会数学思想方法，还能使学生感受到学数学的无限快乐，感觉到自己精神、智慧力量的增长，使学生的个性得到充分发展。

三、英语学科体验式课程教学策略

随着高考改革的不断深入，语法在高考英语中占据着越来越重要的地位，无论是单项选择题、完形填空题，还是语法填词题，都对学生的英语语法能力提出了一定的要求。新《高中英语课程标准》中明确提出了高中英语教学需要培养学生的词汇、语法等基础知识，应在基础知识上进行英语综合能力的培养。体验式教学法是一种新型的教学模式，不仅能够有效激发学生的学习兴趣，降低语法学习难度，而且还能够有效促进师生关系的改善，达到认知与情感共同发展的目的。因此，针对高中学生英语语法学习兴趣低下、考试得分不够理想、语言运用能力不足的基本现状，应该将体验式教学法应用于高中英语语法教学，促进高中学生英语语法能力的进一步提升。

（一）体验式教学法的理论基础与基本原则

体验式教学法是建立在学生已有认知与能力的基础上，通过情景构建或再次经历等方式将教学内容融入学生的思维与生活，从而让学生在思维与实际生活中实现英语语法知识体系的建构、英语能力的发展，以及语法意义的生成。体验式教学法是一种基于建构主义而逐渐发展起来的现代教学方法，是智力因素与非智力因素的高度融合。教师在应用体验式教学法进行高中英语语法教学时应遵循以下原则。

1. 学生主体地位原则。

体验式教学法的核心在于为学生提供必要的学习情景或者引导学生深入教学实践，从而感知教学内容。因此，在整个教学过程中，教师必须转变传统的单向灌输的教学方法，充分调动学生参与课堂的积极性。

2. 愉悦性原则。

体验式教学法力求提升学生的学习体验，让学生把学习当作一种乐趣，从而实现其学习兴趣的进一步提升。因此，在实际教学中，教师应高度关注学生情感的变化，让学生在较为愉悦的氛围中学习相关内容。

3. 兼顾独立性与合作性原则。

体验式教学法要求教师不仅要培养学生独立自主的学习习惯与学习能力，还要引导学生在英语实践应用中学会沟通交流与合作。体验式教学法在高中英语语法教学中创建的是一种互动交际形式，因此要遵循独立性与合作性兼顾的原则。

（二）体验式教学法应用于高中英语语法教学的重要性

体验式教学法在高中英语语法教学中的应用具有非常重要的意义，主要体现在以下几个方面。

1. 提升学生学习英语语法的兴趣。

体验式教学法以具有明显社会化要素的教学情境作为英语语法教学的载体，在这种情境中，学生不需要通过机械背诵的方式完成英语语法学习，而是融入具体情境，从而提升语法学习效率。体验式教学法可以有效扫除学生学习英语语法的障碍，进一步激发和增强其对高中英语语法的学习兴趣。

2. 实现真正的趣味化教与学。

在传统高中英语语法教学中，教师往往以知识传授为主，难以调动学生学习英语语法的兴趣。而体验式教学法则通过交际的方式引导学生实现英语语法的学习。通过体验式教学法，学生不仅能深刻体会到高中英语语法的内涵，还可以在学习的过程中感知英语语法的魅力，从而进一步提升对英语语法学习的兴趣，实现真正的趣味化教与学。

3. 提升学生的学习能力。

总体来说，现阶段我国高中英语教育依然处于应试教育的范畴，提升高中学生的英语应试成绩依然是教师关注的重点。但是从长远的发展来看，学生的学习能力是终身学习的基础。体验式教学法通过实践教学、创新教学等方式，既能促进学生应试能力的提升，又能培养学生的学习能力，对于学生的短期学习与长期发展均具有明显的积极意义。

（三）体验式教学法在高中英语语法教学中的应用策略

将体验式教学法应用于高中英语语法教学具有一定的必要性。体验式教学法在实际应用中主要通过感觉、交际、分享以及总结等四种体验方式来实现教学目的。在体验式教学模式中，学生的创新能力、独立性与自主能力可以得到进一步发展。

1. 利用感觉进行语法知识导入。

利用感觉进行英语语法导入是指通过听觉、视觉以及触觉等方式引导学生初步认知英语语法的具体内容，让学生基于实际生活经验，弱化对英语语法学习的畏难心理。导入阶段是学习英语语法的开端。教师在语法导入阶段通过感觉体验的方式不仅可以提高学生的学习兴趣，还能营造良好的英语语法学习氛围，增强学生进一步学习语法的动力。例如，在进行虚拟语气语法教学之前，教师可以通过多媒体播放一些包含虚拟语气的诗歌或者短片，引导学生初步感知虚拟语气的语法意义，也可以在介绍虚拟语气语法时，通过风趣幽默的语言或者肢体语言放松学生的心情，让他们尽快进入学习情境，促进对所学内容的掌握。

2. 利用社交展开语法知识讲解。

在传统高中英语语法教学中，大多数教师虽然会通过多种方式引导学生理解英语语法的真正内涵，但是由于所建构的情境在某种程度上与真正的社交存在一定的差异，学生很难领会到真实的语境，最终导致学生对英语语法知识的理解停留在表层。在日常教学中，教师会通过建立一组基于社会交际的体验活动，建构更加真实的语法学习情境，让学生体验和理解英语语法的具体用法。例如，在教授英语倒装句语法时，教师引导学生通过分组对话的方式进行语法内容的学习，要求每两个学生一组，采用倒装句对校园中的教学楼、雕塑等进行表述。如 "Between the garden and teaching building lies an office building." "In the middle of the sport square lies a statue." 这样，在整个体验式教学过程中，英语语法的讲解都是以交际对话的形式进行的，教师不需要对英语语法的内涵作过多的讲述。通过体验式教学法，学生能够更加深刻地感知英语倒装句语法的真正内涵，同时能够将倒装句语法有效应用到实际表达中，提升英语口语表达能力和英语综合语言应用能力。

3. 通过分享实现语法知识输出。

在英语语法教学中，实践教学是对学生英语学习效果进行检验的重要方式，同时也是学生提升英语语法能力的基本途径。在实践教学阶段，教师可以通过分享活动的设计，帮助学生实现对英语语法知识的掌握，从而完成实践教学。在设计教学活动之前，教师要深入了解学生已学的语法知识，在此基础上设计相关的实践活动。例如，在讲解完一般过去时的语法后，教师可以将全班学生分为不同的学习小组，要求各小组合作完成一篇与暑假生活相关的英语小作文，并要求作文中以一般过去时为基本时态。教师对各小组的作文进行点评，并根据作文中的语法应用情况评分，评选出最佳小组。实践证明，通过这种分享式的英语语法教学方式，不仅能有效提升英语语法的教学效率，还能帮助学生在短时间内掌握英语语法知识并学会应用，同时还能培养他们的小组合作能力。

4. 通过归纳总结内化语法知识。

归纳总结不仅是英语语法教学的基本要求，还是体验式教学法的最终落脚点。在体验式教学法中，教师通过指导学生对所学英语语法知识进行归纳总结，帮助他们将已经完成的语法体验内化为自身的知识体系，从而形成长期记忆。体验式教学法中的归纳总结是以学生为主体的，目的是提高学生的语法应用能力，而不是传统英语语法教学归纳总结中，教师对相关英语语法知识的罗列。在体验式教学法中，教师可以通过比较、分析的方式引导学生自主完成语法知识的归纳与总结，最后通过设计一个具有高度综合性的情景，实现所有语法知识点的融合，让学生理解英语语法的内涵，学以致用。例如，在讲解完比较级的英语语法知识点后，教师应先引导学生对比分析英语的比较级与最高级的概念，再创设含有英语比较级与最高级的情境，引导学生练习。通过这种方式，学生不仅能提高英语语法能力，还会构建起英语比较级与最高级整体的语法知识体系。

综上所述，英语语法教学在高中英语教学中占据着非常重要的地位，提升英语语法教学的效率有助于促进高中学生英语能力的全面提升。体验式教学法是一种针对现阶段高中英语语法教学中所存在的问题而发展起来的现代教学方法，它将学生自身的生活情境应用于高中英语语法教学，利用学生已有的认知结构与知识体系降低英语语法的学习难度，从而提升学生学习英语语法的积极性。现阶段高中英语教师应结合学生英语学习能力发展的实际需求，将体验式教学法应用于语法教学，真正实现高效英语语法教学。

三、以校本课程为例

下面以校本课程 *Helping people* 阅读公开课为例，探讨如何在课堂教学中创设主题情境，搭建合作平台，为学生提供主动参与体验的机会，培养合作意识和语言运用能力，发展英语学科核心素养。

本课的主题语境为人与社会——帮助他人。课文内容是摘自报纸的三篇专题报道，讲述了在美国的学校中，学生们为慈善事业捐款的故事。学生可以从他人的生活实例来学习如何募集资金，救助他人，培养人道主义精神。

（一）体验预期，引导自学

课前，教师让课代表根据全班学生的实际学情优化组合（不同层次同学合理搭配，实力均衡），平均分成 5 组，每组 8 名学生。提前制定课堂小组竞赛规则，分发导学案，布置预习任务，主要包括预读课文，自学生词，并提供给学生一个慈善主题网站网址，供学生查阅相关资料，为拓展环节的募捐活动设计做好充分准备。教师则提前收集好背景资料，精心选择情境图片，制作简洁精美的 PPT 课件。

（二）感悟体验，创设情境

情境活动设计的合理性直接影响到学生体验的效果和对语言技能的掌握。这就要求课前教师收集与课文内容相关的背景素材、语言应用情境素材，以及安排学生完成自主学习的任务等。此外，采用小组竞争机制有助于激发学生产生良好的学习情绪，营造热烈的学习氛围，使学生体验参与、合作与成功的快乐。

教师首先通过来自国际公益组织的情境图片故事导入主题，帮助学生理解这节课的主题意义——帮助他人，人人有责。再通过两个任务（1.Look at the title again, who need the help and who help them? 2.How do people feel before/during/after the event?）帮学生浏览文本中的三个新闻故事，迅速获取关键信息——参与者、被救助者分别是谁，如何募集善款，参与者的感受如何等细节。学生在理解文本的同时学习部分词汇，同时又加深了对文章和作者写作意图的理解。根据学生学习程度，教师引导学生结合上下文线索大胆猜测。

课堂上，教师通过单词释义接龙的小组竞赛游戏来引导学生课前自主学习生词，鼓励学生通过小组合作共同学习，为竞赛做充分准备。

（三）探索体验，教学对话

为引导学生进一步运用词汇，教师让学生在三个慈善活动中选择一个想要参加的，简单介绍活动内容并说明参与活动的原因。（Choose one of the activities that you want to attend, give a brief introduction to the activity and tell the reasons why you like it.）同时，引导学生欣赏活动组织者的聪明才智和周密计划，切身体会帮助别人是非常快乐且有意义的事情，发挥众人的力量才能大有可为。

体验的过程是师生共同参与互动的过程。在阅读文本的阶段，根据文章内容提供相关线索（如时间线索、图表、关键词句等），让学生就某一事件、人物活动过程等展开创造性复述。此外，还可围绕文章主旨，根据课文内容进行角色扮演或课本情景剧表演等，所有这些活动不仅让学生学会创造性地运用语言，提高语言表达能力，而且能使学生通过亲身实践发现英语学习的乐趣，体验英语学习的魅力。

（四）深层体验，总结评价

为引导学生设计自己的慈善日募捐活动，教师先出示一组慈善募捐活动的图片，然后让学生思考：假设学校要组织慈善日募捐活动，你的计划是怎样的？计划可包括活动主题、哪些人参加、如何准备、有什么期望等。（Suppose our school will hold a charity day. Each class should design an activity. Work out your plan. The following questions may help you——Who will attend? Where and when will it be held? For whom will it be held? How will the money be collected？）

这个环节的活动要求学生以小组为单位展开讨论，设计慈善日募捐活动计划，活动主题可以参照课文或老师课前提供的网页内容，训练学生运用所学新知解决问题，培养团队合作精神和创新思维能力。

学生通过小组讨论交流，每组推选出一份慈善日募捐计划书。教师轮流展示小组成果，让学生自主评价，每个小组推选一个最佳活动计划。最后将每个环节的得分累加，得分最高的小组为优秀小组。

教师最后进行总结："The more talents you have, the more responsibilities you'll have to undertake！"评价过程有助于学生认识自己的不足，看到他人的长处，起到互相促进的作用。每个学生都可获得不同的评价，收获不同的成功体验。学生只有通过自己的亲身实践，才能真正感受到有生命力的学习，从真正意义上体验英语，体验成功的快乐。

（五）迁移体验，主题延伸

课后任务是课堂教学的延续和深化。教师引导学生将视野拓展到课堂之外，通过学生对知识的共识，对情感的共鸣激发学生的求知欲，体验其他情境，使学生愿意且能够在不同知识背景、情境中自主体验，从而达到体验的延伸。教师布置的课后作业是修改完善募捐活动计划。

体验式英语教学应用于高中英语课堂的教学内容主要侧重于阅读课教学的研究，该研究还需要进一步的充实和扩展，如听说课、语法课、词汇课等，以增强这一教学模式的可行性和有效性。编撰的校本课程需要在课程实施过程中不断完善和改进，如对体验活动的分层设计需进一步精细化，结合新课标培养学生的学科核心素养等，从而真正提高课题研究的现实价值。

四、美术学科体验式课程教学策略

一直以来，在高中美术教学中，教师大多采取满堂灌、填鸭式等教学方式，学生被动、机械地接受教师传授的美术知识。美术学习浮于表面，学生难以深入理解课程内容，难以将学到的美术知识用于实践，与此同时，学生的学习兴趣、学习信心也在这个过程中不断丧失。而体验式教学是一种能够扭转教师主讲、学生主听局面的教学手段，对于改善教学质量，提升学生美术素养有重要意义。

（一）体验式课程概述

体验式课程是一种旨在让学生获得良好体验的课程形式，呼应当前新课改理念，能够有效满足"以学生为本"的教学需求。在体验式课程中，教师采取体验式教学法，通过情景模拟、任务驱动等方式，让学生系统化、科学化地融入课堂，主动、积极地去探索各种未知或已知领域，以此活跃课堂气氛，促使学生有效理解课堂内容。学生的主体性在体验式课程中得到凸显，在这样的学习环境中，学生通过领会感悟、换位思考、认真观察、动手操作等方式发现问题并分析问题，然后再解决问题，最后进行更加深入的反思，以促进对课堂内容的消化和吸收。相较于传统的美术课堂，学生在体验式课程中不仅能习得知识，还可以充分领略美术的魅力以及动手实践的快乐。

（二）以色彩教学为研究对象的高中美术体验式课程构建策略

1. 树立正确的教育理念，明确教学目标和重难点。

相对于传统课程，体验式课程有很多不一样的地方，如课堂由封闭式转化为开放式，师生关系发生了变化，课程主体也不再是教师。体验式课程是一种旨在让学生真正参与的教学形式，所以必须扭转过去让学生全盘、机械接受的局面，教师在教学中要创造机会和平台，让学生能够参与其中。师生之间应当以相互信任、平等的关系相处。这些都不同于传统的课堂模式。要想成功构建体验式课程，教师必须及时革新教育理念，结合新课改要求以及体验式课程的特点，树立生本教育理念。在这个基础上，教师再对教学目标和重点进行明确，从而为接下来体验式教学活动的开展指出明确的方向。

以"健美操服装配色练习"这节课为例，其教学目标主要有三点：第一，培养学生的色彩搭配能力；第二，培养学生的舞台感知力；第三，使学生掌握健美操表演形式的色彩表达。本节课的教学重点和难点也有三点：第一，竞技健美操比赛运动员服装的特点；第二，健美操音乐与服装的搭配；第三，色彩知识的服装表达。只有明确重难点、教学目标，明确活动如何开展和努力方向，才能有条不紊地进行。

2. 设计精彩的课堂导入，激发学生的参与积极性。

体验式课程的核心是学生参与，让学生参与到教学活动中并获得良好的学习体验，是构建体验式课程的宗旨。所以，在教学实践中，教师要注重学生参与积极性的激发，而设计精彩的课堂导入是有效举措。教师可以采取故事导入、情境导入、视频导入等多种形式拉开教学序幕，以此吸引学生的注意力，让学生全身心参与其中。在"健美操服装配色练习"教学过程中，教师以播放视频的方式设计课堂导入，通过大屏幕给学生展示本校健美操队员在武汉市健身比赛中的精彩视频。虽然视频的时间只有短短十秒，但是学生的注意力已经完全被吸引。在这个基础上，教师再引入下一个环节的学习，所有学生均可成功进入学习状态，这也为接下来体验式教学的开展打好了基础。

3. 结合内容创设问题情境，促进学生对知识的理解。

在体验式课程中，学生是教学主体，而教师的作用是服务学生。所以，教师应摒弃传统的满堂灌、填鸭式等教学方式，根据体验式课程的特点，发挥自身的引导作用。在教师看来，创设问题情境是可操作性较强的一种教学手段，即教师结合教学内容设置问题，然后引导学生思考，再根据学生的答案给予反馈。一方面，能够突出学生的主体地位；另一方面，可以促进学生对知识的理解。以"健美操服装配色练习"课程教学为例，教师在播放视频后为学生展示了本校健美操参赛队员的服装图片，让学生在认真观察图片的基础上，谈一谈自己对健美操服装的感受。学生给出的答案基本是"色彩鲜艳""衣服紧身塑形"等。在学生初步感受到健美操服装特点之后，教师又给学生提供了一组健美操服装参考示范图，让学生列举服装特色，并启发学生思考"为什么同样是啦啦操服装，有的类似泳装样式，有的类似芭蕾舞蹈服样式"。学生们给出了各种各样的答案。教师对答案进行归纳后大致总结出三种，分别是"色彩鲜艳""追求服装与音乐风格的统一""呈现舞台效果"。教师对学生的回答和积极配合的状态感到满意，并对学生提出表扬。

4. 组织学生开展实践活动，锻炼学生实践操作能力。

体验式课程是一门实践性较强的课程，所以，在引导学生掌握理论知识之后，教师接下来要做的就是组织学生开展实践活动，通过实践活动锻炼学生的动手操作能力。只有这样，才能让学生真正参与其中，并获得良好的体验。教授"健美操服装配色练习"时，教师在学生初步了解服装特点之后，给学生详细讲解了色彩理论知识，让学生大致了解了色彩的理论知识构成。在这个基础上，教师鼓励学生动手尝试给健美操服装配色。首先，教师将事先打印好的健美操服装示范图分发给学生，让大家结合前面学到的色彩理论知识，依据自己对健美操舞蹈服装的认知等动手配色。接下来，教师为学生推荐合适的配色练习工具，如马克笔、彩铅、蜡笔等，学生们兴致勃勃地展开了练习。最后，教师对学生的作品进行展示，并让学生进行自评与互评，让学生选出色彩搭配较好的几幅作品。教师再以这几幅作品为例，讲解其色彩搭配之妙。此外，教师还挑选出几幅看起来色彩搭配比较突兀的作品，向学生进一步讲解了搭配突兀的原因。作品的展示与评价环节让学生对色彩的运用有了更深层次的理解。

由此可见，体验式教学的介入对于改善高中美术教学质量有着显著效果。新课改背景下，美术教师应深入研究新课改理念，立足实际，科学合理地构建体验式课程。在教学实践中，教师首先基于生本教育理念，明确教学目标和重难点；其次，设计精彩的课堂导入，并结合文本内容创设问题情境；再组织学生动手操作，展开实践活动；最后展示作品并进行教学反思，取得显著效果。相较于传统课堂的教学模式，学生们在体验式课堂上表现出强烈的兴趣与热情，参与度明显增强，学习效果显著提升。

第五节
普通高中体验式教学案例及分析

一、数学学科体验式教学案例

应如何创建体验式的数学课堂呢？我们认为采用"情景—探究—成功"的学习模式可以较好地解决这个问题，达到比较理想的教与学的效果。它的主要特点是：学生自主学习、积极探究；教师适时启发、总结、延拓、发散；通过师生互动、生生互动，让学生体验数学学习活动，领悟数学的思想方法。下面以一节函数建模课为例，进行深入阐述。

（一）教学过程再现

1. 情景引入。

购物平台让我们的生活和互联网联系紧密。从零到1万亿元交易额，某平台走了9年。从2008年开始，它进入了一个高速发展期，2008年交易额约为1千亿元，2012年为1万亿元，2016年为3万亿元。为此，该平台设立了新的战略目标：从1万亿元到10万亿元。

2. 实例探究。

探究1：某网2008年的交易额约为1千亿元，2012年为1万亿元，2016年为3万亿元。

（1）从2008年到2016年，该网销售额的年平均增长率为多少？

（2）如果该网平台以2008年到2016年的年平均增长率发展，你能建立一个反映未来几年该网年销售额的发展模型吗？利用你的模型预测，多少年以后其年销售额将达到10万亿元？

两个问题需要应用函数，分析变量之间的关系，建立指数函数模型，简单应用函数模型做预测。同时让学生感受指数函数的爆炸式增长。

探究2：李明大学毕业后，来到一家大型数码公司上班，他的工作是负责一款相机的网上销售。

这款相机的进价为 2000 元，销售价为 2800 元时每月可销售 100 部。如果促销，每降价 50 元，月销售量可增加 10 部，请你帮李明定价，如何定价才能使得利润最大？

此问题旨在让学生发现利润和定价这两个变量之间的关系，建立二次函数模型，并确定自变量的取值范围，求得最优解。体验二次函数模型是描述实际生活的有效工具。

前面两个探究让学生建立指数函数模型和二次函数模型，这两个函数模型在我们生活中应用十分普遍，且较容易掌握。紧接着下面的探究，需要学生有较强的数学能力。

探究 3：年末，李明所在的数码公司为了激励员工，按每人的年销售额发放年终奖。

奖金与年销售额的关系表

年销售额（万元）	50	100	150	200	250	300	400	500	600	700	800
奖金（万元）	4.32	5.51	6.17	6.78	7.02	7.51	7.95	8.12	8.45	8.69	8.91

根据以往的奖励模式，在年销售额达到 50 万元时开始进行奖励。

（1）根据以上数据，请你估计当年销售额达到 1000 万元时，奖金为多少？

师生探究交流：

师：看到数据，大家认为应该通过什么方式来估算奖金呢？

生：建立函数模型。

师：如何建立函数模型？

生：先作散点图。（教师利用计算机作散点图）

师：请大家观察散点图，你选择什么函数模型呢？

生：线性函数型，幂函数型，对数函数型。

师：请大家比较拟合效果，分析一下，哪个函数模型更好呢？

生：对数函数型。

师：怎样求函数模型呢？

生：选择数据点，用待定系数法求解。（教师利用计算机生成函数表达式）

（2）站在公司的角度，奖金总额不能超过年销售额的 10%，这一奖励方案合理吗？

师：如何判断奖金总额是否超过年销售额的 10%？

生：演算是否满足不等关系

$y \leqslant 0.1x \ (x \geqslant 50)$，即 $1.65\ln x - 2.07 \leqslant 0.1x \ (x \geqslant 50)$。

师：解此不等式验证成立吗？

生：不能。

师：那我们可以用什么方法解决这个问题呢？

生：可以画出左右两个函数的图像，比较图像高低。

师：好的，大家用几何画板作图吧。

师：结合函数图像，大家知道不等式是恒成立的。

生：也可以将不等式变形为 $1.65\ln x - 2.07 - 0.1x \leqslant 0$（$x \geqslant 50$）。

师：好的，大家也试试。

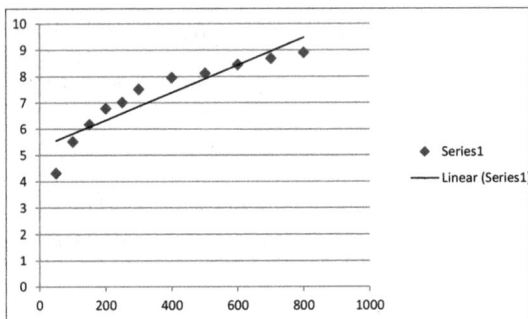

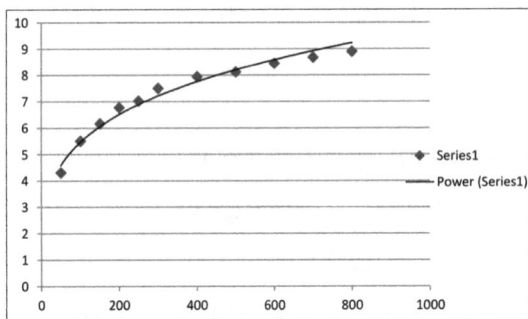

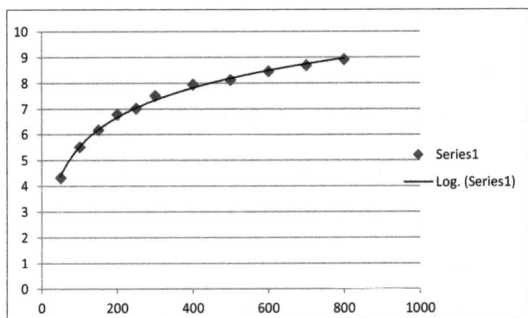

探究 4：这个奖励方案实施以后，立刻调动了员工的积极性，企业发展蒸蒸日上，但随着时间的推移，又出现了新的问题，员工缺乏创造更高年销售额的积极性。

为了实现更高年销售额的目标，公司决定调整模式，如何调整才能既保证公司的利益，又能激励员工的积极性呢？

年销售额 50 万～ 800 万元，奖金不超过 9 万元；

年销售额 800 万～ 1200 万元，奖金不超过 15 万元；

年销售额 1200 万～ 1600 万元，奖金不超过 18 万元；

请选择适当的函数模型，用图象表达你的设计方案。

在这个探究活动中，学生甲用了直线，学生乙用了抛物线，学生丙用了对数型曲线，学生丁用了三段直线，学生戊用了三段曲线。

接着，学生们经过激烈交流和讨论，发现解答这个问题用分段函数比较合理，最后，在师生的共同交流讨论中，得出多数人会达到年销售额在 50 万～ 800 万元这一业绩，用起点较高、增长较平缓的曲线表示，能保证多数人有奖励，差距也不大，可以选择对数型函数。少数人才能达到年销售额在 800 万～ 1200 万元这个业绩，为了激励员工多劳多得，选择增长更快的指数型函数。极少的人能达到年销售额在 1200 万～ 1600 万元这样的业绩，为了既能激励员工的积极性，又能保证公司的利益，选择平稳增长的线性函数。

这是一个开放性问题，对探究 4 的拓展延伸，仁者见仁，智者见智，答案并不是唯一的，关键是合理。

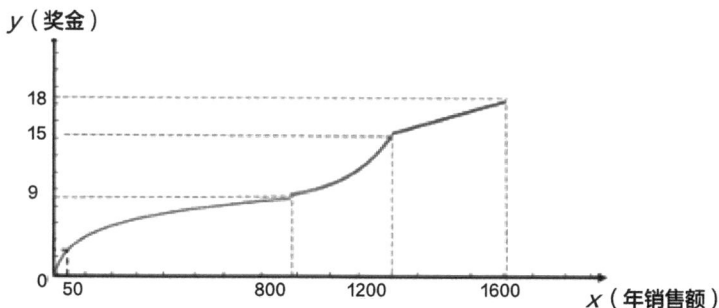

3. 师生共鸣。

课堂的尾声，教师用几句打油诗，总结了对这场教与学的感悟：

数据图形细细看，数形结合现直观；

增长模型千千万，唯有指数最震撼；

人生高峰节节攀，数学星空任翱翔。

刚分享完，教室里响起了阵阵掌声。

（二）实践与思考

1. 生动的情境让学生心潮澎湃。

数学学习始于疑问。数学课堂要通过适当的问题情景，引出需要学习的数学内容，激发学生的好奇心，从情景中引导学生自觉地发现问题，提出问题，通过亲身实践，主动思维，达到学习目的。

在实际教学中，并不是只有生活实例才是情景，有实际背景、数学背景、文化背景，并且符合学习内容的情景才是好的情景、生动的情景。

本节课以学生熟知的网络购物这一经济生活背景切入课题，从学生熟悉的生活情景出发设计数学问题，让学生体验到数学与生活的紧密联系，用强烈的、丰富的、感性的材料，创设出使学生跃跃欲试、寻根问底的情景。

有些数学课也可以创设数学文化背景。以二项式定理一课为例，引入牛顿和二项式的故事：

牛顿被誉为人类历史上最伟大的科学家之一。他不仅是一位物理学家、天文学家，他还是一位伟大的数学家。他数学生涯中的第一个重大成果就是我们今天研究的课题——二项式定理。今天，就让我们沿着大数学家牛顿的足迹，重温他探究、发现二项式定理的过程。

牛顿究竟是如何发现二项式定理的呢？让我们一起回到1664年冬，22岁的牛顿在研读沃利斯博士的《无穷算术》，引发了许多思考……这样的情景会让学生心潮澎湃。

2. 现代信息技术的运用让学生学会"做数学"。

新课程标准指出："现代信息技术要改变学生的学习方式，使学生乐意并有更多精力投入到现实的、探索性的数学活动中去。" 因此信息技术的使用是数学教育发展的必然趋势，是新课程改革的必然产物。

我们在探究3中充分利用了现代科技手段，借助计算机处理数据（例如画散点图、函数图像，生成函数表达式等），将数学与信息技术进行整合，通过函数拟合过程，指导学生根据实际问题选择恰当的函数建立数学模型，并解决相关问题，把数学课堂转化为"数学实验室"，让学生从"学数学"过渡到"做数学"。

3. 互动探究让学生享受数学学习的乐趣。

数学课堂应该由"关注知识"转向"关注学生"，教学过程中由"给出知识"转向"引起活动"，由"完成教学任务"转向"促进学生发展"。美国的布鲁克菲尔德在他的《讨论式教学法》中说："让学生学会讨论，合作交流。讨论会使学生成为知识的共同创造者。"

一堂好的数学课，师生一定会有共同的、积极的情感体验。比如探究 3 中师生的交流，探究 4 中生生、师生的讨论，在互动的探究过程中，学生始终是教学的主体。探究 3 和探究 4 都是开放性问题，教师通过恰当的引导，促进学生自主探究，让学生在不断观察、思考和交流的过程中，分析问题的特点，探索适合的函数模型，体会用函数模型解决问题的过程。学生对函数模型的选择可能会有不同，教师注意发现学生想法的闪光点，鼓励学生大胆探究，在讨论交流中各抒己见。

两个探究活动既检测了学生对几类不同模型增长差异的掌握情况，又鼓励了学生学以致用，用以致优。学生通过探究活动既学到了数学知识，体会了数学思想，又享受了研究数学的乐趣，感受到成功的喜悦。

4. 提高教师自身素养，以教师人格魅力感染学生。

本节课教师在对教材内容具备深层次理解的基础上，对教材进行"再加工"，提炼出具有新意的内容并非易事，需要教师不断提高自身数学素养和文化素养。

有人文气息的课堂，离不开具有人格魅力的教师。在课堂上，教师要把真才实学的教和真情实感的爱结合起来，要发挥教师人格魅力的示范、激励和熏陶作用，以教师的人格魅力感染学生。

本节课始终在融洽的氛围中，教师与学生一起交流、探讨。在问到学生"如果站在员工的角度，你愿意用什么函数模型制定奖励方案"时，一个学生答道："用指数型函数模型。"学生们都知道指数函数爆炸增长，这时大家都笑了起来。在探究 3 中，教师用自己求真求实的科学精神感染学生，引导学生不断求索。在课堂的尾声，教师用一首饱含真情的短诗与学生们分享了自己对学习的感悟，引起了学生的共鸣，使学生对学习数学充满热情，并有了更高的自我期许。正所谓"花开无声，静水深流，教育无痕，润物无声"。

二、校本课程"桥韵"之四则

中国是桥的故乡，中国桥梁的历史可以追溯到 6000 年前的氏族公社时代，到了 1000 多年前的隋、唐、宋三代，古代桥梁发展到了巅峰时期。而到了近代，中国的桥梁技术开始落后于世界的脚步。20 世纪 90 年代以来，中国桥梁的成就使我们重新站到了世界前列，这是中国桥梁建设的伟大复兴时代。

武汉是中国名副其实的"中国建桥之都"，万里长江第一桥——武汉长江大桥，于 1957 年 10 月 15 日通车运营，开启了中国现代化桥梁建设的序幕，而与大桥同时诞生的汉阳铁中（2005 年更名为武汉市弘桥中学），是原铁道部武汉大桥工程局子弟中学，是当年全国各地支援武汉修建大桥的建设者的孩子们读书的学校，近 70 年来紧紧依偎着武汉长江大桥，弘桥学子对长江大桥有着天然的亲近感和自豪感。

（一）"'桥'见未来，慧通世界"之"'桥'见历史"

探寻中国桥梁发展史，解读中国桥梁的兴衰。特别是从 20 世纪 50 年代建造武汉长江大桥开始，中国桥梁从"建成学会"到"努力追赶"再到"超越引领"。中国桥梁建设在 21 世纪迎来"超越"。中国已成为世界第一桥梁大国，在桥梁规模最大、数量最多、跨度最长、载重最大、建设周期最短等指标上更是世界领先。中国桥梁为什么能在短短 20 年间快速追上，并一跃成为世界第一呢？

为了让学生了解中国古代桥梁发展的辉煌历程、近代中国桥梁的全面落后、现代中国桥梁的超越式发展，学习中国建桥人的创新精神，树立远大理想，进一步培养学生的民族自豪感、使命感和爱国主义情怀，教师带领学生围绕"'桥'见历史"开展了相关活动。

●课程目标

1. 通过查找中国古代桥梁发展历史相关资料，让学生感受中国古代桥梁举世瞩目的辉煌成就，感受中国古代科技的发达，增强对中华优秀传统文化的自信。

2. 通过收集有关"桥"的邮票，讲述"桥"的故事。让学生了解近代中国桥梁的自主发展几乎停滞，新中国成立以后特别是改革开放以来，中国桥梁建设一路"超车式"的发展历程。学习建桥人攻坚克难、敢于突破的创新精神，立科技志、圆强国梦。

3. 开展研学活动，走进桥梁博物馆，让学生真切感受中国现代桥梁发展的伟大成就，感受中国共产党领导和我国社会主义制度能够集中力量办大事的政治优势，进一步增强中国特色社会主义道路自信、理论自信、制度自信和文化自信。

●**课程内容设置**

（1）历史悠久，成就璀璨。

2021年9月，我校开设了"桥韵"校本课程。在"桥之史，了解中国的桥梁历史"这一课程资源的开发过程中，我们发现，中国古代的桥梁大致经历了四个发展阶段。教师把学生分成了四组，每一组学生负责查阅其中一个阶段的发展历程，并在课堂上向全班同学展示成果。

在课堂上展示研究成果

通过查阅资料，学生们对中国古代桥梁发展史有了更深刻的了解。第一阶段以西周、春秋时期为主，包括此前的历史时代，这是古桥的创始时期。此时的桥梁除原始的独木桥和汀步桥外，主要有梁桥和浮桥两种形式。第二阶段以秦、汉时期为主，包括战国和三国，是古代桥梁的创建发展时期。秦汉是我国建筑史上一个璀璨夺目的发展阶段，从一些文献和考古资料来看，大约在东汉时，梁桥、浮桥、索桥和拱桥这四大基本桥型已全部形成。第三阶段以唐、宋时期为主，两晋、南北朝和隋、五代为辅，这是古代桥梁发展的鼎盛时期，如隋代石匠李春首创的敞肩式石拱桥——赵州桥，是中国现存最完整的古代敞肩石拱桥，比欧洲同类型桥梁早700多年出现。第四阶段为元、明、清时期，这是桥梁发展的饱和期，几乎没有什么大的创造和技术突破。

学生们在查阅资料的过程中，不仅弄清楚了中国古代桥梁的发展历史，还充分感受到了中国古代劳动人民的非凡智慧和中国古代科技的力量，增强了他们对中华优秀传统文化的自信。

（2）走向衰微，停滞不前。

中国古代桥梁的辉煌成就举世瞩目，曾在东西方桥梁史中占有崇高的地位，为世人所公认。但是自从鸦片战争开始到新中国成立前的近代和民国时期，我国处在内外交困的环境中，这一阶段我国桥梁的自主发展几乎停滞。有学生问教师："为什么到了近代，中国的桥梁技术发展如此滞后，与国外有这么大的差距呢？"

为了解决这个问题，教师带领学生们来到了图书馆，通过查阅相关文献资料弄清了原因。1842 年鸦片战争失败后，中国沦为半殖民地半封建社会，桥梁建设发展受到严重制约，为数很少的桥梁主要由西方列强派遣的工程师进行设计与施工，黄河上的三座桥梁以及上海、天津、广州等大城市中的一些桥梁，也无一不是由洋商承建的。只有少数是国人自行建造的，如茅以升先生主持兴建的杭州钱塘江大桥，还曾在战争中被迫炸毁。

通过此次学习，学生们明白了这样一个道理：一个国家没有了独立主权，便没有了一切，更别谈科技的进步、经济的发展了；维护国家主权和领土安全，是每个公民义不容辞的责任。这样的学习活动，点燃了学生们心中深深的爱国情、报国志。

（3）起步虽晚，超越发展。

自从 1949 年新中国成立以后，特别是改革开放以来，随着我国国力迅速增强，我国的桥梁事业得到了空前的大发展，取得了举世瞩目的成就。目前我国在桥梁建设方面，已经跻身世界先进水平。

一座大桥，一种精神。学生们通过收集中国邮政发行的桥梁邮票，来感受中国桥梁的飞速发展。大桥建设者们对国家、对人民高度负责与精益求精的工匠精神，值得永久传承。

①武汉长江大桥。

有学生收集了武汉长江大桥的邮票，并给全班同学作了详细的介绍。

新中国成立以前，长江上没有一座大桥，只能通过轮渡过江，交通十分不便。1957年 10 月 15 日，武汉长江大桥建成通车，它是一座铁路公路两用桥，连接了京汉铁路和武广铁路，跨越天堑，连通南北铁路动脉。当天万人空巷，举国欢庆大桥通车。

为了深入了解武汉长江大桥的建桥历史，一名学生还专门访谈了武汉长江大桥工程局老一辈建桥人，他向我们讲述了有关武汉长江大桥铆钉的故事。

2017 年，武汉长江大桥已经 60 周岁了。对大桥的一份"体检报告"显示，2.4 万多吨的钢梁无弯曲变形，八个桥墩表面无一裂纹，100 多万颗铆钉无一松动。这位老工

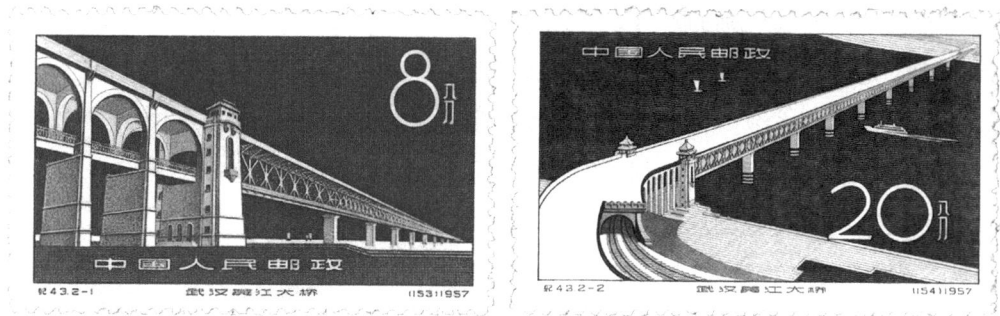

武汉长江大桥邮票

人说："当年，我就是为大桥铆铆钉的，为了确保工程质量，我把自己也变成了一颗铆钉，废寝忘食，精益求精，与大桥紧紧地铆在了一起。"一颗铆钉看似不起眼，然而，千万颗铆钉聚合在一起，就能支撑起钢铁巨人。这正是一种对国家高度负责的主人翁精神，一种对工作精益求精的"零差错"精神，一种把自己融入事业的奉献精神。

②南京长江大桥。

有学生收集了南京长江大桥的邮票，并给全班同学作了详细的介绍。

南京长江大桥是首座由中国人独立自主建造的长江大桥。因南京的水文、地质以及河道条件更复杂，最初也想依靠国外提供一些帮助，但开工后国际形势发生变化，最终中国人独立完成了南京长江大桥的建设，由此开启了中国建桥技术上

南京长江大桥邮票

真正的独立自主，奠定了全国桥梁行业的技术基础。南京长江大桥打破了外国专家"在南京江面上不能建桥"的断言，开创了中国独立建设超大型桥梁的新纪元。该桥曾以"最长的公铁两用桥"被载入《吉尼斯世界纪录大全》。

③港珠澳大桥。

改革开放以来，中国的桥梁事业实现飞跃式发展。中国桥梁由内河走向海洋，由国内走向世界。学生收集了港珠澳大桥的邮票，并给全班同学作了详细的介绍。

连通三地，一望无际的碧海变通途。2018年10月，港珠澳大桥建成通车。这项被外媒称为"新世界七大奇迹"之一的超级工程，拥有400多项专利、6项世界之最，先后投资超过1000亿元，堪称我国从桥梁大国走向桥梁强国的里程碑之作。大桥因其超大的建筑规模、空前的施工难度和顶尖的建造技术而闻名世界。

港珠澳大桥邮票

从20世纪50年代修建万里长江第一桥，到20世纪八九十年代援建海外，中国桥梁建设者筚路蓝缕，砥砺前行，厚积薄发，不仅助推国内桥梁实现了跨越式发展，更大步走出去，使中国桥梁成为展示国家形象与实力的一张靓丽名片。

活动中，学生们热情高涨、积极参与，收集了各式各样的有关中国桥梁的邮票，非常精美。他们在收集有关"桥"的邮票、讲述"桥"的故事中，感受到了中国建桥人凭着逢山开路、遇水架桥的勇气和不怕难不服输的拼劲，以及用智慧和汗水书写的当代中国桥梁跨越式发展的辉煌篇章。

（4）研学之旅，深度感悟。

上完校本课程，为了让学生们更深入地感悟中国桥梁发展史，学校于2021年11月18日和2022年7月11日先后两次组织学生们走进中国桥梁博物馆，开启研学之旅。

走进博物馆，有的学生安静地参观每一件藏品，探究藏品背后的故事，从中汲取力量；有的在木桥搭建体验区尝试搭建各种不同的桥，历经多次失败后最终迎来成功，感受建桥人的不易；有的置身于三维立体空间，感受桥梁带来的五彩斑斓的世界；有的化身讲解员准备录制视频，让更多人了解中国桥梁。

通过研学活动，学生们更进一步了解了中国桥梁。对于中国桥梁为什么能在短短20年间快速追上，一跃成为世界第一的问题，学生们此时有了答案。是因为建桥人精益求精、质量第一的工匠精神和攻坚克难、敢于突破的创新精神，是因为中国共产党和人民的全力支持。这充分展现了中国桥梁建设的雄厚实力，充分体现了中国精神和中国力量，充分体现了中国共产党领导和我国社会主义制度能够集中力量办大事的政治优势。

●课程实施成效

本课程是我校校本课程"桥韵"的第一章节。结合我校的建校历史以及本地域"建桥之都"的地方特色，探寻中国桥梁发展的历史，在本次课程实施过程中，无论是教师还是学生都有很大收获。

对于教师来说，在课程开发的过程中，无论是课程设计、课堂教学还是课后的研学活动，都发挥了整个团队团结、奋进和创新的精神。整个过程中，教师们边探索边总结经验，学会了许多课程资源开发的方式。他们把学情、校情、地域特色和国情有机地结合起来，充分利用身边资源开发课程，得到了学生、学校、家长和社会各界的大力支持与帮助。

课程资源开发的过程，是教师收集、整理、整合、创新的过程，也是教师学习的过程。在此过程中，教师对中国桥梁的发展历史进行了全方位的探究，更进一步增强了文化自信和制度自信。同时，注重开发多种学习方式来调动学生的学习积极性，提高其参与度。其中，最核心的方式就是项目化学习。

学生们在该课程中学习兴趣浓厚，学习的主动意识强。通过自愿组合的方式，分成若干小组，自主推选小组长。在老师的指导和帮助下，学生采取项目化学习方式，学会了自己拟定项目清单，明确学习任务。

根据项目学习清单，组长带领全组人员利用课外时间收集整理资料、进行访谈等。学生们各司其职，认真地完成了各自的任务。组长还组织组员们对活动中大家的表现进行了评价，并评选出了优秀组员。同时，由教师和学生代表组成的评委团还对各组学生的表现进行点评，最终评选出优秀小组。

在本章节学习中，学生们不仅收集了各式各样的有关桥梁的邮票，还发挥自己的想象力，想象未来的桥会是什么样的，之后拿起手中的画笔，设计了关于"未来的桥"的邮票，并在课堂上踊跃展示出来，带给师生一场难得的视觉盛宴。这样，学生们从课内拓展到课外，又从课外延伸到课内，实践能力、合作探究能力、语言表达能力都得到了充分锻炼。

教师组织学生开展参观桥梁博物馆的研学活动，扩展了学生们关于中国桥梁发展史的知识。在活动中，学生们既深深地感悟了中国桥梁兴衰与国家命运息息相关的道理，又坚定了要向中国建桥人那样发扬奋斗精神、创新精神和爱国精神，做新时代的爱国青年，为实现强国梦而努力奋斗的意志。

●反思

我校历来重视校本课程资源的开发与利用，根据学校建校背景开发了具有我校特色的"桥韵"校本课程，注重发挥校本课程的育人价值。

通过本课程资源的开发，我们收获了宝贵的经验。首先，应根据我校校情及学生认知特点，来选择有利于调动教师和学生积极性的合适资源进行开发。其次，在课程资源开发的过程中应尽可能动员社会各方力量，比如家长、不同行业的从业者、工商企业、政府部门等。最后，在课程资源的开发方法上可以采用多种方式，比如文献的研究、收集和整理，设计问卷调查，对社会各界人士进行访谈，开展社会实践活动等。这些方法的运用关键是要发挥学生的主体作用，积极调动学生的主动性，大胆放手让学生去做，相信学生一定会给我们带来很多意想不到的收获和惊喜。

（二）"'桥'见未来，慧通世界"之"校本研学"

●课程价值

围绕驱动性问题"中国的桥梁为什么能创造众多'世界第一'"，带领学生开展实地走访建桥工作者、参观桥梁博物馆、查阅资料等实践活动，创设真实情景，开展小组合作，使学生们了解我国桥梁建设的伟大成就，感悟新中国成立、改革开放带来的翻天覆地的变化，增强对我国社会制度优越性、经济建设成就的理解，并提升面对复杂情景时创造性解决问题的能力，培养政治认同、科学精神、公共参与等核心素养，进一步增强中国特色社会主义道路自信、理论自信、制度自信、文化自信。

●实施背景

桥梁，是人类利用自然、改造自然的重要标志，也体现着国家科技水平和综合国力。中国是桥的故乡，武汉是名副其实的"中国建桥之都"，以赵州桥为代表的中国古代桥梁在世界桥梁史上占据重要地位。万里长江第一桥——武汉长江大桥开启了中国现代化桥梁建设的序幕，而毗邻武汉长江大桥的我校，因建桥得生，与大桥同龄，学生整日与大桥为伴，日日枕着江涛声，时时能欣赏大桥的英姿，对长江大桥有着天然的亲近感和自豪感。本课程旨在引领学生探寻中国桥梁发展的轨迹，感受桥梁科技的日新月异，增强民族自豪感、文化自信，提升精神品质，激励学生们为建设伟大祖国而努力学习。

●实施内容

在桥韵课程的指引下，学生们在教师的带领下先后两次走进桥梁博物馆，开展研学实践活动，他们用脚步丈量，用心感受中国桥梁的发展历程和辉煌成就，了解家乡，弘扬爱国情怀，树立爱党报国之远大志向。

中国桥梁博物馆位于武汉市中铁大桥局总部大楼一楼，通过集合声、光、电等多种方式，展示各种桥梁风采，宣传武汉"建桥之都"的风采。桥梁博物馆研学实践活动包括生动体验、桥史探幽、我是讲解员、探寻奥秘等几个环节。

1. 生动体验。

博物馆中的木桥搭建体验区是最吸引学生的项目，学生们尝试了各种方法，经历了一次又一次失败，最后终于搭建成功了。在这个过程中，他们体会到了团队合作、动手实践的快乐。

在博物馆的三维立体空间里，学生们感受桥梁带来的五彩斑斓的世界。VR 技术让他们身临其境，驾车奔驰，跨越伶仃洋，体验极速穿越港珠澳大桥的感觉。

博物馆中模拟当年修建武汉长江大桥的场景布置，仿佛将参观者带回到那热火朝天的建设工地。我们还组织学生观看了 5D 影片《乔乔带你看大桥》，学生们坐船行过赵州桥时，会被翻起的水花"打湿"手背，从高空俯瞰港珠澳大桥时，仿佛伸手就能抚摸到"云彩"。博物馆如此丰富有趣的展示，极大激发了学生们探究桥梁秘密的兴趣。

2. 桥史探幽。

室内馆由序厅、中国古代桥梁、中国近现代桥梁、世界桥梁博览、桥梁科技发展、桥梁文化展示、建桥国家队的光辉历程、互动体验等部分组成，是学生们了解我国和世界桥梁发展历史的绝佳机会。每件藏品背后皆是一段故事，其间之呕心沥血，之硕果累累，之煌煌伟业，有据可查，有记可证，有史可鉴，有道可承……

学生们通过鉴赏那一颗颗熠熠生辉的史海遗珠，解读那一页页尘封已久的岁月记忆，诠释那一圈圈壮怀激烈的时代年轮，从中汲取了无尽的力量。

学生们带着以下问题进行小组项目探究：

（1）中国桥梁的发展经历了怎样的过程？

（2）为什么中国古代桥梁历经千年辉煌，到近代却走向了衰落？

（3）新中国成立后，特别是到了改革开放新时期，中国桥梁为什么又能大踏步赶上时代？

每个小组自选研究项目，各组带着问题进行研学活动，有的小组成员请教博物馆老师，有的到每一个展馆认真仔细地观察、研读每一件展品的信息，深入了解其背后的故事，并随时做好记录。

3. 我是讲解员。

研学任务完成之后，各组学生用视频讲解的方式汇报各自的研学成果。学生们化身为博物馆讲解员，通过录制桥史视频，让更多人了解我国桥梁发展的历史。

（1）古代桥梁的辉煌。

在古代桥梁展厅，学生们兴致盎然地介绍起中国古代桥梁的辉煌成就。中国桥梁在东西方桥梁史上占有崇高的地位，为世人所公认。距今已有1400多年历史的赵州桥，是中国现存最完整的古代敞肩石拱桥，比欧洲同类型桥梁早700多年出现。

（2）近代桥梁的衰落。

为什么中国古代桥梁历经千年辉煌，到近代却走向衰落了呢？

学生们细心观察，发现了一处展品：新中国成立前，武汉长江大桥的设计方案多次搁浅的展示图。有学生介绍，清政府曾三次提议，民国也有两次策划，均因财政实力、战乱、技术能力等因素无法实施，导致如此巨大的工程被搁置。直到新中国成立后，工程才真正提上议程，最终实现长江上通大桥的梦想。

这都是因为自从鸦片战争以后，国家处在内外交困的境地，人民苦不堪言，修建这样宏伟的基础设施，没有经济实力和科技实力根本无法实现。这一阶段我国桥梁的自主发展几乎停滞，绝大多数桥梁都是外国人设计和建造的。

（3）大踏步赶上时代。

新中国成立后，特别是到了改革开放新时期，中国桥梁又为什么能大踏步赶上时代了呢？

在武汉长江大桥展厅，学生们介绍了武汉长江大桥，万里长江上终于有了第一座大桥，这是千百年来的梦想，1957年终于实现了天堑变通途，当天万人空巷，举国欢庆。

特别是近20年来，中国桥梁事业迎来了跨越式发展，已成为世界第一桥梁大国。一名学生以港珠澳跨海大桥为代表，着重介绍中国桥梁事业的大踏步发展成就，他自豪地说，这项被外媒称为"新世界七大奇迹"之一的超级工程，堪称我国从桥梁大国走向桥梁强国的里程碑之作。

在博物馆里，学生们还发现这样一张了不起的榜单："截至2020年底，世界排名前十位的各类型桥梁中，中国独占半壁江山。"

中国桥梁的发展就是我国经济社会发展的一个缩影，代表着中国特色社会主义各项事业的蓬勃发展。

4. 探寻奥秘。

那中国桥梁为什么能在短短 20 年间快速追上，一跃成为世界第一呢？

学生们再次在博物馆里认真观看、思索，探寻奥秘，力争用真实数据和事例说话。

一名学生在博物馆模拟建桥的桥廊上发现了一份大桥的"体检报告"，显示武汉长江大桥 60 余年来，曾被撞击七十多次仍然无恙，2.4 万多吨的钢梁无弯曲变形，8 个桥墩表面无一裂纹，一百多万颗铆钉无一松动，全桥无变位下沉！原本设计寿命 100 年的大桥，还可再沿用 50 年，这是精益求精、科学养护的结果。

另一名学生在港珠澳大桥的介绍中读懂了中国桥梁建设者们勇于攻克难关、不断创新突破、持续挑战极限的精神，深刻感受到祖国桥梁事业的腾飞，离不开他们用智慧和汗水确立"中国标准"的付出与奉献。

还有一名学生在一张张党和国家领导人亲切慰问的珍贵历史照片中，看到了党和国家、人民的全力支持。的确如此，新中国成立实现了中华民族的伟大独立和解放，人民安居乐业，焕发出了强大的建设热情，我国经济的快速发展为中国桥梁的辉煌打下了坚实的基础。正是在稳固扎实的经济基础之上，我国不断加大对基础设施建设的投入，为一个个桥梁建设者搭建了一展身手的广阔舞台，为桥梁工程师设计修建特大型桥梁提供了难得的机遇。

● **研学心得**

学生们研学归来，感触良多，纷纷在课堂上分享了自己的研学感想。有学生说，他感受到每一座桥都凝聚着设计者的机智与建造者的技艺；有的说，这次活动让他开阔了见识，这些桥梁从无到有的艰辛过程让他感触很深，现在我国已经能够在国际上中标，为外国人造桥，这无疑是对我国实力的认可，这些让他倍感自豪；还有的说，他能感受到建桥工人们身上的那种勇于攻坚克难的精神，造出来属于我们国家自己的第一座、第二座以至上百座桥，我们如今的便利都是他们用无数的汗水换来的。

中国桥梁书写的传奇，就是中国崛起最好的证明，特别是看到世界桥梁博览会上有许多中国国旗，证明中国造桥技术已远超一些发达国家。随着"一带一路"倡议的提出，中国帮助沿线国家建造大桥，这也说明中国的造桥技术足够高超。学生们为中国的造桥技术深感自豪，纷纷表示中国建桥人用汗水和努力书写了一个又一个奇迹，即使条件艰苦他们也不畏困难勇敢向前，让我们有了现在的便捷交通，我们应该向他们学习！

●反思

这节"桥梁博物馆研学课"是挖掘了本地资源的课程，学生们在参观中学习桥梁的历史，教师在参观中不断启发学生思考，一步一步将学生的思维引向深入。从实施的过程、效果来看，整体还是不错的，学生们全程积极参与，学有所获，但在课程实施和总结方面还有许多值得反思的地方。

1. 凸显特色，深度挖掘。

学校一直以来都十分重视通过博物馆研学实践来弘扬建桥精神，深度挖掘校史、桥梁史中的桥梁文化，整合开发了"桥韵"五育融合课程。

桥梁博物馆里的育人资源非常丰富，我们这次选择了中国桥梁发展的历史脉络，主线鲜明，但细节还不够饱满，还有许多内容值得深度挖掘，比如中国古代桥梁的辉煌，只重点介绍了赵州桥，其他的古代桥梁没有涉及，所以还需要持续开发。

2. 做实项目，问题驱动。

本次课程以桥梁博物馆研学为主线，围绕着驱动性问题"中国桥为什么能创造众多'世界第一'"展开，通过小组项目任务单驱动，引导学生在合作中探究，并用录制视频的形式汇报研学成果。项目推进还是比较务实的，学生的组织实践、收集整理信息、表达交流等能力，以及团队合作意识都得到了提升。但驱动性问题设计还有些笼统，指向性还可以更明确些。

3. 真实体验，切实感受。

走进博物馆，学生在体验中感悟，在动手实践中创新创造。通过"我是讲解员"来展示各组研学成果，激发了学生们的参与热情，大家围绕研学项目问题，以展馆讲解员的身份介绍展品特点、背后的故事，引导学生深入了解中国桥梁跨越式发展历程，整个过程学生全员全程参与，迎难而上，培养了坚强毅力和持之以恒的品质。但体验内容设计得还不够丰富，我们还可以设计更多新颖有趣的体验探究项目，在活动中激发学习乐趣，力争通过真实的体验，让学生获得更为真切的感受。

总之，此次桥梁博物馆研学实践活动，学生们身临其境地感受祖国桥梁事业日新月异的发展，由衷地为一代又一代建桥人的崇高理想和坚定信念所感动，进一步增强了学生对家乡的热爱，激励他们立志传承和发扬建桥人的爱国精神和优良品质，树立远大志向并为之奋斗。

（三）"'桥'见未来，慧通世界"之"'桥'见诗词"

●课程价值

1. 通过探究中国古典诗词中的"桥"，了解中国古典诗词中的"桥"文化，培养学生的民族文化自豪感。

2. 通过欣赏古典诗词中"桥"的丰富意蕴，培养诗词赏析能力，进行中华优秀传统文化教育，建立"文化自信"。

3. 通过引导学生尝试创作"桥"的对联，训练学生的语言运用能力、创作能力，传承优秀传统文化。

●案例背景

武汉市弘桥中学的前身是铁道部大桥局职工子弟中学，几十年前，由十万大军以手拉肩扛的方式建造了长江第一桥——武汉长江大桥。正是这些造桥人不断创新，跨越天堑，攻坚克难，在大江大河上建立了一座又一座丰碑，在山水湖泊之间书写了一个个中国第一、世界第一。"一桥飞架南北"，以"'桥'见诗词"为主题给学生搭建学习优秀古典诗词文化的脚手架，同时引导学生传承、弘扬建桥精神。

本案例旨在了解中国桥梁发展史，学习桥梁文化的多方面知识，通过参观考察、调查访问、探究分析、设计制作等多种方式，拓宽视野，吸收多种营养，培养学生的核心素养，进行中华优秀传统文化教育和爱国主义教育。

在"'桥'见诗词"的探究过程中，教师通过主题情景引导，激发学生学习、探究的兴趣，在小组合作、探究问题中培养自主学习的能力。

●案例内容

1. 探访武汉长江大桥。

武汉市弘桥中学坐落在武汉长江大桥脚下，与大桥有着密不可分的联系。我们的校名是"弘桥中学"，其中有什么文化内涵呢？我们注意到在中国古典诗词中，与"桥"有关的有成千上万首，它们是一座座宝贵的文化之"桥"，意蕴非常丰富，非常值得探究。寻找"桥"的诗词文化之旅便从这里开始了。

古人常有登高而赋诗的习惯，我们首先组织学生实地考察武汉长江大桥，亲眼看见长江大桥的雄姿。参观完大桥局桥梁博物馆之后，师生沿着建桥新村路而行，攀龟山而上，实地考察万里长江第一桥，"桥"的诗词之旅正式启程了。

2. 寻觅古诗词中的桥。

教师创设一种真实的情境，引导学生体验、感受。"一桥飞架南北，天堑变通途"，这是当年伟大领袖毛主席对武汉长江大桥的一首赞歌，也是对无数建桥人的一首赞歌。学生们站在雄伟的武汉长江大桥上，深刻体会到了这首词的内涵。

学生们站在桥上看风景，望着滚滚长江东流去，思绪穿越千年。情由境生，教师借此引导学生吟诵那些诵桥的古典诗词，桥美诗美意境美。

有"境"有"情"，更要有一个好的形式。古代文人聚会中的"曲水流觞""飞花令"等，都是非常有意思的文化活动方式，近几年中央电视台的《诗词大会》也有"飞花令"的环节，学生们对此非常感兴趣，于是在课代表或老师的引导下，学生们在武汉长江大桥上玩起了"桥"字飞花令：

学生1：二十四桥明月夜，玉人何处教吹箫？——杜牧《寄扬州韩绰判官》

学生2：枯藤老树昏鸦，小桥流水人家，古道西风瘦马。——马致远《天净沙·秋思》

学生3：驿外断桥边，寂寞开无主。——陆游《卜算子·咏梅》

学生4：鸡声茅店月，人迹板桥霜。——温庭筠《商山早行》

学生5：烟柳画桥，风帘翠幕，参差十万人家。——柳永《望海潮·东南形胜》

学生6：两水夹明镜，双桥落彩虹。——李白《秋登宣城谢朓北楼》

学生7：旧时茅店社林边，路转溪桥忽见。——辛弃疾《西江月·夜行黄沙道中》

学生8：西山白雪三城戍，南浦清江万里桥。——杜甫《野望》

学生9：清江一曲柳千条，二十年前旧板桥。——刘禹锡《柳枝词》

学生10：隐隐飞桥隔野烟，石矶西畔问渔船。——张旭《桃花溪》

学生11：潮打三更瓜步月，雨荒十里虹桥火。——郑燮《满江红·思家》

学生12：门外垂杨岸侧，画桥谁系兰舟。——万俟咏《木兰花慢·恨莺花渐老》

……

采用小组比赛的方式，各小组成员可以自由接"令"，为小组加分。"桥"字飞花令激发了学生们的兴趣，他们在吟诵中感受到了中国传统古诗词的魅力。教师借机引导学生们进一步主动搜集、整理、积累相关的诗词，并开展后续的探究活动。例如搜集、整理《中国"桥"诗词集》《中国"桥"对联集》等。

3. 品析古诗词中桥的意蕴。

古往今来，"桥"引来了无数诗人的低吟浅唱，在古诗词中留下了无数倩影，桥，成为中国文学中一种重要的文学意象。

"桥"在古诗词中有什么意蕴呢？教师引导学生展开了探究。学生们分组合作，搜集相关文献，进行文献学习与归纳总结，深入品析古诗词中"桥"的意蕴。

通常而言，繁盛的城镇往往有一条穿城而过的重要航道，而最显眼的人文工程——河上桥梁的华丽程度往往反映了该地的繁荣程度。许多诗词描写城市的繁华昌盛景象时，也常常用写桥的方式侧面体现。

例如：长桥卧波，未云何龙？复道行空，不霁何虹？——杜牧《阿房宫赋》

两水夹明镜，双桥落彩虹。——李白《秋登宣城谢脁北楼》

烟柳画桥，风帘翠幕，参差十万人家。——柳永《望海潮·东南形胜》

杜牧和李白用彩虹比喻长桥，极言桥的华丽与壮观，尽显阿房宫和宣城的繁华景色；柳永则用"画桥"描绘桥的精致装饰，一词写尽西湖的繁丽景象。

教师引导学生重点分析"桥"这个意象在古诗词中的含义，并在课堂中进行分享交流。

（1）游子的思乡——枫桥。

1200 多年前的一个秋天，唐朝有个名叫张继的诗人夜宿舟中，船就停在苏州城外的枫桥边。夜深人静之时，他走出船舱，站在船头看着江面的夜景，赋诗一首：

枫桥夜泊

张继

月落乌啼霜满天，江枫渔火对愁眠。

姑苏城外寒山寺，夜半钟声到客船。

深秋的江面雾气重重，岸边一排排枫树在夜风的吹拂下沙沙作响，远处还有打鱼的渔船，星星点点的灯在江面上一闪一闪，突然从寺庙传来一阵"当当当"的敲钟声……

《枫桥夜泊》这首诗，不仅让张继在中国诗歌史上占有一席之地，还成功带火了本来名不见经传的枫桥和寒山寺。

（2）沧桑历史的见证者——朱雀桥。

这世间的桥，何止千千万。但这世间的朱雀桥，却只此一座——南京秦淮河上，旧时乌衣巷边，朱雀桥从中唐诗人刘禹锡的《乌衣巷》中走来：

乌衣巷

刘禹锡

朱雀桥边野草花，乌衣巷口夕阳斜。

旧时王谢堂前燕，飞入寻常百姓家。

朱雀桥现位于南京市秦淮区中华门城内的武定桥和镇淮桥之间，因面对六朝时期都城正南门朱雀门，所以得名"朱雀桥"。朱雀桥在一段时间内一直是重要的交通枢纽，它见证了金陵数百年的繁华，也见证了金陵的衰亡。826年，刘禹锡从和州刺史任上奉调回东都洛阳，途经金陵（现在的南京市），写了一组诗篇，《乌衣巷》是其中的一首。

自永贞元年（805），永贞革新失败，刘禹锡被贬到被调回，已经二十余年过去了，物是人非，世事无常。乌衣巷原是六朝贵族居住的地方，最为繁华，而如今，朱雀桥边竟长满野草，乌衣巷口也不见车马出入，只有夕阳斜照在昔日的深墙上。

金陵城自隋朝建立之后便逐渐没落，到了唐时，早已不复昔日的繁华。因此，在这首诗中，朱雀桥是历史的见证者。

（3）爱情的见证——断桥与鹊桥。

西湖断桥，桥名虽有"断"字，但实际上情思并未斩断，断桥成了坚贞爱情的象征。比如在杨维桢的诗中：

西湖竹枝歌

杨维桢

湖口楼船湖日阴，湖中断桥湖水深。

楼船无柁是郎意，断桥有柱是侬心。

从诗中，我们能感受到诗人对爱情的坚贞不渝，以及对爱情的炽热追求。而除了断桥，代表爱情的还有一座历史名桥，它出现在人们美好的想象当中，那就是"鹊桥"。

鹊桥仙·纤云弄巧

秦观

纤云弄巧，飞星传恨，银汉迢迢暗度。金风玉露一相逢，便胜却人间无数。

柔情似水，佳期如梦，忍顾鹊桥归路。两情若是久长时，又岂在朝朝暮暮。

这首秦观的《鹊桥仙》可谓千古名篇：纤薄的秋云，划破天空的流星，牛郎与织女一年一度的相见，虽然短暂，却胜过一切。柔情似水，重逢后的缠绵，鹊桥又怎么忍心打断，其实，两个真正相爱的人又何必贪求每一天的朝夕相处。

鹊桥，象征着爱情的圆满和美好。

（4）亲友之情的见证——灞桥。

灞桥，古时著名的送别之地，自唐朝以来，被赋予了"销魂"之名，古人在这里折柳送别，不知有多少人在这里流下了伤心的泪水。在诗人笔下，灞桥承载了人们的伤离怨别之情：

"年年柳色，灞陵伤别"，在李白的笔下，灞桥承载了伤感之情；

"灞桥两岸千条柳，送尽东西渡水人"，在王士禛的笔下，灞桥承载了怨别之情；

"落花飞絮蒙蒙，长忆著，灞桥别后"，在词人毛滂的笔下，灞桥承载了羁旅漂泊的悲苦之情。

灞桥，在历史的长河中引发了无数文人的离别伤感，或许，古人折柳送别之时，便随之将自己的感情寄托在这古桥之上。千百年来，它见证了多少悲欢离合，亦承载了多少爱恨别离之情。

（5）隐逸的桥——溪桥。

乡村田野，溪水潺潺，民风淳朴。那里的桥梁，或多或少都带着些朴实无华的气质，这也契合一些追求隐逸的文人墨客的需求。他们向往田园生活，无非是为了觅得心灵的净土，远离喧嚣，返璞归真。

菩萨蛮·半烟半雨溪桥畔

黄庭坚

半烟半雨溪桥畔，渔翁醉着无人唤。

疏懒意何长，春风花草香。

江山如有待，此意陶潜解。

问我去何之，君行到自知。

乡野里的渔翁，日子过得自由惬意，喝醉了酒睡着了也没人去吵醒他，懒洋洋的样子叫人羡慕。春风温柔地拂过，带来阵阵花草香。此中真意，唯有像陶渊明这样的隐士最能理解。风光明媚灿烂，生活无拘无束，黄庭坚多么想象陶渊明一样过上归园田居的生活，不受条条框框的限制，尽情享受自由的可贵。

……

"桥"承载着诗人们对一个地方最深刻的记忆。在诗词的创作、加工、流传下，"桥"作为往昔繁华的见证和历史沧桑的物证存在于文化语境中。于是，当后来者故地重游、凭吊前朝，看到眼前荒凉残照、繁华不再，感慨物是人非、人生多变时，总会有一座桥出现在他们的诗词中，默默书写着历史的冷漠与人们对世事变迁的慨叹。

学生们在品析、探究的过程中，发现"桥"在中国古诗词中不仅是一个重要的意象，也是一种象征，更是中华文化中一道美丽的风景。在这个过程中培养了学生的诗词赏析能力，有助于提升他们的语文学科素养。

4. 尝试创作与"桥"相关的对联。

在品析古诗词中"桥"这个意象的过程中，学生们发现桥梁并非无情物，化作诗意更含情。一座桥，沟通的不仅是交通，也沟通了人们的心灵世界，通过诗词能够很好地传情达意。人们也需要各种形式的"桥"来沟通，不仅是现实生活中，在精神世界也是一样。

在感受古诗词语言魅力的同时，我们需要更好地学习、传承、发扬这种文学形式。我们弘桥中学校名中也含有"桥"字，"弘桥中学"有什么内涵呢？由此引导学生为学校"弘桥中学"创作对联（类似诗词中经常用到的对偶的手法），表达自己对校名的理解与思考。

教师首先简要介绍对联的基本形式和特点、要求，再让学生尝试拟写对联，其中要含有"桥"字。

学生1：祖国山河好，弘桥日月新。

学生2：良师洒热血，弘桥育英才。

学生3：琅琅书声绕弘桥，淡淡墨香生笔端。

学生4：春风无声润桃李，弘桥默默育英才。

学生5：弘阁陈芳宴，桥上送生行。

学生6：梦想腾飞，架起知识之桥；人生起航，弘扬理想之帆。

……

在创作对联的过程中，学生们体悟到弘桥中学是一座桥，架起的是一座知识的桥梁，一座引导学子走向世界、走向未来的桥梁。

● 分析反思

本课程通过带领学生实地参观武汉长江大桥，创设种种文学情境，激发学生的兴趣，以"'桥'见诗词"为主题，为学生搭建了学习优秀古典诗词文化的"脚手架"，引导学生学习优秀古典诗词，有效进行了中华优秀传统文化教育和爱国主义教育。

培养学生的核心素养，关键是能力的培养，而不是知识的传授。在"'桥'见诗词"的探究过程中，通过"桥"的主题情景引导，学生们在"桥"字飞花令中感受语文魅力，培养了学习、探究的兴趣；针对古诗词中"桥"意象的分析与探究，通过小组合作，搜集查阅文献资料，学习诗人、学者、专家的文章，进行比较分析、交流分享，培养了学生自主学习的能力，提升了学科素养。

通过对古诗词这种文学样式的学习，由现象到深入内涵的品析，以"桥"为主题，从诗词品析，再引导创作"桥"字对联，让学生体悟到校名的内涵，从而使学生对学校的办学理念"'桥'见世界"有了具体而深刻的认识。本次活动有效弘扬了学校的办学理念，发掘了桥文化精华。

（四）"'桥'见未来，慧通世界"之"'桥'见未来"

●课程目标

本课程旨在通过组织学生在课堂学习桥梁结构原理，课后准备材料，并在老师指导下，通过范例展示和演示，实现以下课程目标：

①激发学生动手制作桥模和设计概念桥的兴趣，并将不同构造的桥模型受压能力不同等基本知识原理应用于模型设计之中，体验创造的乐趣。

②通过小组活动的形式，在模型拼装过程中，培养学生的合作意识和团队精神，并逐步学会使用多角度的思维方法分析思考、设计作品，发展创造性思维。

③树立正确的价值观，更深刻感受桥梁建造的科技知识，传承中华大国工匠精神。

●课程开发背景

桥梁，是一个国家科技水平和综合国力的重要体现，桥梁建设为当代中国绘就了波澜壮阔的社会进步画卷。改革开放之后，中国的桥梁建设者们与世界接轨，吸取外国桥梁建设的经验，融合中华民族的传统文化，一大批世界级桥梁翻山、越江、跨海，让无数天堑变为通途，向世界展示着"中国建造"的非凡实力。

武汉依江而生、因桥而兴，武汉人民素来对大桥有着难以割舍的情怀。得长江、汉水之便，武汉相继建成了武汉长江大桥、武汉天兴洲长江大桥、武汉长江二桥、鹦鹉洲长江大桥、白沙洲长江大桥、武汉军山长江大桥……一座座桥梁搭建起了人民的幸福生活，展示了中国桥梁建设的最高水平。

顺应桥梁发展趋势，结合学生们的意愿，"'桥'见未来"课程应运而生。课程上，学生们在学习桥梁知识、搭建模型、设计桥梁等环节中，感受桥梁的魅力，立志用功读书，将来建设更多更美的中国桥、世界桥，为实现中华民族伟大复兴的中国梦奋勇前行。

●课程内容结构

1. 桥梁知识学习。

在"'桥'见未来"课程学习之前,学生们已做了大量工作,参观了桥梁博物馆,走访了建桥人,赏桥梁雅韵,绘大美桥梁,对桥梁的认识上升到了理性的思考:为什么桥梁能承受如此大的压力?桁架结构对承重的影响如何?

高中物理知识当然还不足以解决桥梁设计的全部问题,为学生答疑解惑,但是,课堂上通过对桥梁的建造智慧的学习,学生们了解了桥梁设计的一些基本构造、原理,满足了他们的好奇心。

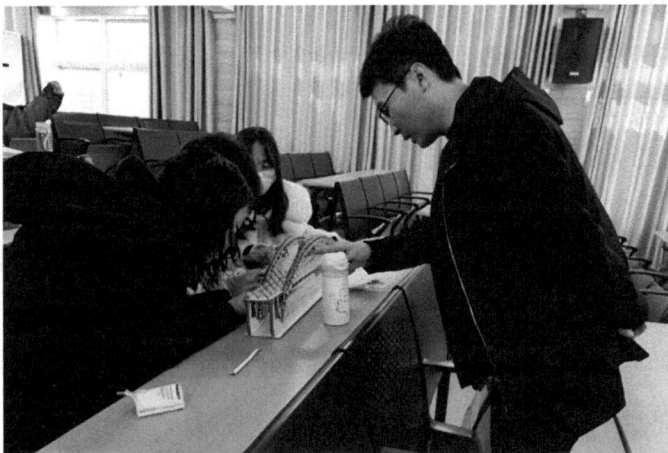

教师向学生介绍桥梁的有关知识

在学习中,学生们知道了桥梁由上部结构、下部结构、支座、附属设施四个基本部分组成。桥梁可以分为梁式桥、拱桥、斜拉桥、悬索桥、组合桥等,桥梁的结构形式、材料的质量是影响其承重的重要因素。

2. 桥模搭建。

搭建桥梁模型是一个综合项目,过程中涉及学生的核心素养:技术意识、创新思维能力、物化能力等方方面面。这对于学生们来说,都是不小的挑战。因此,课程学习中教师把学生分为 4 个团队,并"责任到人"。思维能力较强的组员负责研究图纸,充分了解每座大桥的桥型、长度、主桥宽度等基本参数;数理能力突出的组员负责估算板材的受力、承重情况;动手能力较强的组员专注学习电钻等重型工具的使用方法;女生一般比较有耐心,负责组装零部件。

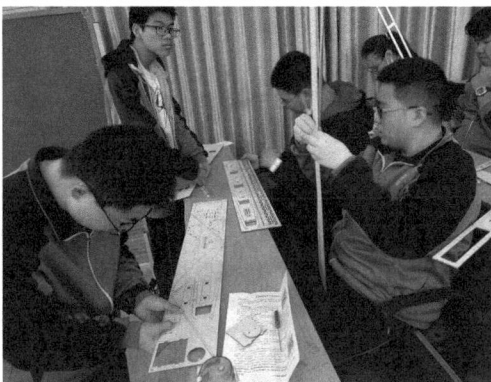

学生分组搭建桥模

当图纸变成一座座精致的成品时，学生们坦言"体验到了尝试与同学分组搭建桥模的快乐"，同时也更加深刻地感受到了中国桥梁建设的魅力，以及大国工匠的初心。

3. 桥梁设计。

开展桥梁创新创意大比拼，学生们查资料、画图纸、设计结构，用极简的材料设计木质、纸质作品，看谁设计的桥梁结构最稳定、承重最多。

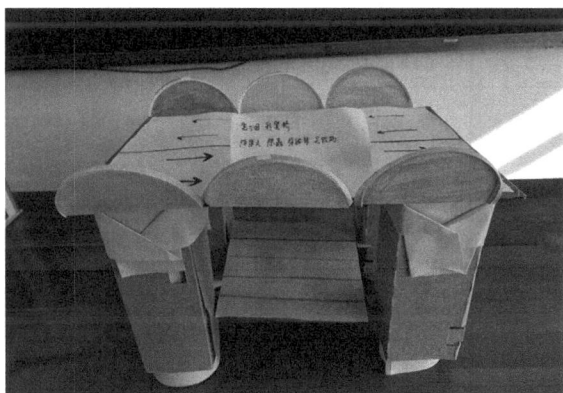

桥梁设计模型

此次活动激发了学生们对科学原理的探索热情，考验了他们的理论与实践相结合的能力，提高了创新能力、动手能力和团队合作能力。

4. 畅想未来之桥。

如今，桥已经成为中国经济和社会发展的助推剂，但桥梁工程建设依旧存在很大的发展空间，随着科技水平的发展，桥梁工艺技术也必然会获得进一步的发展。学生们开动智慧马达，对未来大桥进行了畅想。

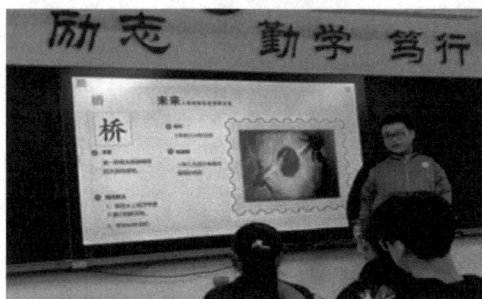

畅想未来之桥

（1）第一组设计：星空桥。

组长说：未来，人与人之间的交流不仅是地球之间，也许到更远的未来，人与人分别生活在不同星系，桥梁的作用是连接一个地域与另一个地域的交通和交流，而我们的星空桥是连接一个星系与另一个星系的。在未来的发展中，人类的活动范围绝不会只限于地球，而是要向着更遥远的宇宙发展，让未来宇宙的发展交流更便利。

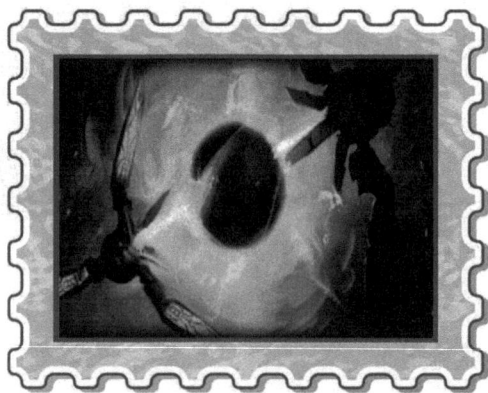

星空桥

（2）第二组设计：未来悬浮桥。

组长说：未来科技发达，悬浮在空中的桥使得地面交通不再拥挤。桥底的悬浮装置让桥可以任意移动和拼接，不受地形和位置的影响，让悬浮桥成为主流。

悬浮桥

（3）第三组设计：摩天大桥。

组长说：未来，人口增长越来越快，土地资源越来越短缺，于是，人们想出在桥上建房子以节约用地的方法，桥上建摩天轮可供人们欣赏风景。桥底通船，桥上通车，修建房屋，兴建娱乐设施，一桥四用，大大减少了占地面积。

摩天大桥

（4）第四组设计：水晶大桥。

组长说：在未来时代，水晶桥作为联系精确坐标点的"桥梁"，由单个悬浮水晶体储存精确坐标点数据，消耗能量实现定点传送，有着耗时短、距离远、可频繁使用的特性。

●效果

"'桥'见未来"是一个综合性很强的课题，学生们为了完成创造性制作任务，在小组内进行合作学习，学习过程包含了自主开放的探究过程、设计过程、制作过程，学习过程从课内延伸到了课外。

首先，通过课程的探究学习有效地提高了学生的动手实践能力。例如，在桥梁模型设计与制作过程中，引导学生分析桥梁结构的类型以及各结构受力的情况，并要求学生进行桥梁模型方案的设计，绘制出桥梁模型图，完成桥梁模型的搭建任务等。活动中有大量动手实践机会，让学生们的实践能力能够得到较好的锻炼。其次，培养了学生们的科学探究能力。通过亲历桥梁设计过程，学生们思考问题、运用知识解决问题的能力得到了锻炼和提升。最后，在交流自己学习到的知识并分享改进思路的过程中，培养了团队合作精神，增强了学生沟通交流的能力。

●分析反思

课程的大体思路是初步对学生进行简单指导，让学生在课余制作桥梁模型的过程中，厘清以下几个问题：1. 桥梁结构与受力之间有什么关系？ 2. 各组员如何合理分工成功搭建桥模？ 3. 如何对桥梁模型进行优化，设计出稳定、实用的桥梁？并就方案设计、绘制图纸、搭建模型等具体细节进行任务分工。然而实践的结果并不太理想，大多数学生的作品存在设计不合理或制作上的缺陷，主要体现在以下几个方面：

①教师想当然地认为高中生的动手和动脑能力都很强，对基本的桥梁建筑结构有所了解，忽视了对学生设计方案和制作过程的指导，仅用一节课的时间简单介绍了常见的桥梁结构和受力特点，这使得许多学生在桥梁的设计和制作上存在或多或少的缺陷，设计不具有桥梁的基本特征。

②过于注重桥模成品的搭建结果，忽视了过程的学习，以至于很多学生没有按照设计的一般过程来制作，急于求成，导致作品质量不高。

学生活动是一个完整的、系统的学习过程，体验的过程远比制作出好的作品更为重要。只有满足学习的一般过程，设计安排好学生活动的各个环节，并不断修改、完善，才能上出一节效果好的学生活动课。

第三章

体验式"五育"：
高中融合发展之径

第一节
体验式"五育"课程融合模型建构

普通高中普遍存在"重智、轻德、弱体、抑美、缺劳"现象。2018年全国教育大会提出"五育并举"重要思想，指明了为培养合格的社会主义建设者和接班人，学校在办学过程中要加强德、智、体、美、劳五育并列、并提和并重的重要性。2019年6月19日，《国务院办公厅关于新时代推进普通高中育人方式改革的指导意见》颁布，强调培养学生积极主动的学习态度，倡导学生主动参与、乐于探究、勤于动手的学习习惯，培养学生获取新知的能力、分析和解决问题的能力以及交流与合作的能力；强调课程结构的综合性、均衡性和选择性，加强课程内容与学生生活与现代社会和科技发展的联系，关注学生的学习兴趣和经验。2019年发布的《中国教育现代化2035》进一步提出："更加注重学生全面发展，大力发展素质教育，促进德育、智育、体育、美育和劳动教育的有机融合"，明确提出"五育"融合的教育发展目标。

在新的课程改革背景下，主要从教学内容、教学方法手段、教学评价等方面进行改革与实践，让学生在体验中学习，在实践中求知。变通高中课程的内容与结构，加强课程融合，增强课程的综合性、整体性、融通性，推动育人模式的转变，扩大学校教育、教师教学、学生学习的自主权，引导学生自主选择、自主学习、自主发展，促进学生解决实际问题的能力和创新能力的提升，实现学生全面且有个性的发展。

一、"五育"课程融合的模型建构

（一）树立全人理念

在健全人格的基础上，促进学生的全面发展，让个体生命的潜能得到自由、充分、全面、和谐、持续发展，培养有道德、有知识、有能力、和谐发展的"全人"。

（二）实践体验教育理念

创设真实或虚拟的场景，让学生在"做中学"，在解决问题的过程中经历、体验、感悟、反思、总结，在体验中感悟，在感悟中升华、成长。

（三）运用课程整合理念

课程发展是一个动态的过程，是一个内在与外在统一的过程。对课程本身多方面内容的整合，强调同一领域不同方面的内容、不同领域的相同内容相互联系，实现课程内容的整合，重视课内与课外的联系，学与教的兼重。利用信息技术手段营造理想的教学环境，打破学科壁垒，加强"五育"联通，进行有效整合、融通，促进学生全面发展。

"五育"课程关系图

（四）明晰融合课程的特征

综合性、整体性、融通性。

（五）突显学校办学理念、办学特色

武汉市弘桥中学的办学理念是"'桥'见未来，慧通世界"，走艺体特色化办学之路。通过对学校课程进行整合与融通，从而联通化、综合化。课程是学校立德树人的基本载体，是学校的核心竞争力，学校课程的建设和实施水平就是学校的办学水平，通过对课程的融通，促进学生全面发展，提高学校的办学水平。

（六）构建"五体"课程融合的模型

"五体"课程内容体系：在体验式教育理论指导下构建的体德、体智、体健、体美、体劳五个方面的课程内容。

1. 聚焦"五力"课程目标。

突出关键能力的培养，即抗挫力、学习力、运动力、审美力、创造力。

（1）抗挫力：指学生在面对挫折、失败或困难时，能够保持积极心态，克服困难

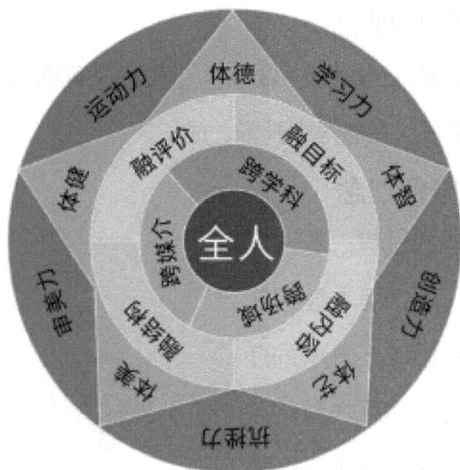

"五体"课程融合模型图

并继续前进的能力。培养学生的抗挫力可以帮助学生更好地适应学习和生活中的挑战，提高自我韧性和适应性。

（2）学习力：指学生在学习过程中的动力、能力和习惯。具有良好学习力的学生能够主动学习、善于发现问题并解决问题，掌握知识和技能的能力较强。培养学生的学习力有助于提高学生的自主学习能力和终身学习能力。

（3）运动力：指学生在身体活动中的表现和发展潜力。运动力不仅涉及身体素质和运动技能，还包括健康素养、体育精神和团队协作能力等方面。培养学生的运动力有助于提高学生的身体健康素质和社交能力，促进全面发展。

（4）审美力：指学生对美的感知、欣赏和表达的能力。培养学生的审美力可以帮助学生更好地理解美、欣赏美、表达美，提高艺术素养和人文素养，促进情感和智力的发展。

（5）创造力：指学生在学习、实践和创作中表现出的创新能力和想象力。培养学生的创造力有助于提高学生的创新能力、创业能力和职业发展能力，促进个人和社会的发展。

这五个方面为"五育"课程融合的核心素养与目标，代表了学生在全面发展中应该具备的重要能力，它们相互交织、相互促进，有助于培养学生的综合素质，锻炼他们的社会适应性，提高教育质量。

2. 运用"三跨四融"主要策略。

（1）"三跨"：跨学科、跨场域、跨媒介。

①跨学科：将不同学科的知识和技能进行整合，构建新的课程内容，形成跨学科的教学方式和教学模式，促进学生综合素质的提升。

②跨场域：将教育内容和形式拓展到不同的场域，如社区、企业、军营等，让学生在实践中体验"五育"融合的魅力，增强学生的综合素养。

③跨媒介：利用数字技术、网络技术等现代信息技术手段，创新教育形式，提高教学效果，让学生通过多种媒介方式接受教育，实现个性化、差异化教育。

（2）"四融"：课程目标融合、课程内容融合、课程结构融合、课程评价融合。

①课程目标融合：站在全人角度，打破学科性目标局限，"五育"共进，"五育"共生，"五育"融合，"五育"共振，形成合力实现"五力"目标。

②课程内容融合：以一育为主导＋他育为辅导的模式，以"一育"带"多育"，以"一"带"全"，对原"五体"课程资源进行整合，将各育有机地融合起来，各育和谐共振。

② 课程结构融合：即课程的综合化，是新的课程结构的调整。

④课程评价融合：从五育融合的角度设计课程的评价标准，破解单育的线性和片面性，走向各育的立体性，追求真善美的和谐统一，美美与共。

3. 实施"三化"主要路径。

"五体"课程联通化、家校社一体化、信息技术与学科一体化。

二、"五育"融合实践策略

"五育"融合需要融合各育内容，形成内容整体。同时，还要将对学生发展具有影响但未分化的内容，如活动、问题、体验、文化等，也纳入内容融合范围。"五育"融合需要选择适当的融合式课程和有助于融合课程实施的一系列策略、方式和方法。

课程是育人的主要载体。通过对国家课程、地方课程的校本化，尤其是校本课程的融合化、项目化、特色化，整合、重组、开发系列体验式融合课程。第一，开发并设置跨学科的综合课程，如"桥韵""中国服饰文化""色彩与生活"等，这些课程实现了对特定学习领域内容和教育价值的统筹。第二，开发并设置综合实践活动课程，如"我爱龟山""我们的移动四季花园"。第三，在分科课程中实现课程内容的统筹，即以综合的方式处理并实施分科课程的内容，主要是对国家和地方课程进行校本化，同时加强各学科的沟通与融合。

（一）跨学科的综合课程

"单一学科主导＋其他学科辅助"，在内容上打破学科之间的界限，以一个学科为主导，有利于课程的推进与落实。

1."1+1"主题引导合作教学（小融合）。

通过主题引导，以一个学科为支点，实现智育和美育的有机融合。

例如，学校开发的"中国服饰文化"校本课程，由语文教师和美术教师各上一节主题引导课，激发学生的兴趣，明确探究的内容和主题。整个学习过程分为四个阶段。

第一阶段：了解中国古代服饰的演变。

第二阶段：了解中国民族服饰的特点。

第三阶段：现当代人着装调查。

第四阶段：服饰设计与展示。

依据主题进行分组，学生根据兴趣和特长组合，建立探究小组。第一组，中国古诗词中的服饰文化探究；第二组，中国民族服饰特点探究；第三组，现当代人着装调查；第四组，"我当服装设计师"。各小组要记录每一阶段活动的过程，保存相关材料，并分类整理、归纳、分析、交流、展示。教师组织学生进行成果展示，学生兴趣盎然，积极参与，纷纷展示自己的探究成果。

2."1+N"主题引导综合教学（大融合）。

"主题＋'五育'融合"：通过主题引导，实现各学科知识与能力的有机融合。

"传统文化＋'五育'融合"。"五育"融合的关键是有适宜的融合点。如以传统节日习俗活动为"融合"点，劳动教育为支点，尝试实践"传统文化＋劳动教育＋诸育融合"，增强"五育"的关联度和衔接度，将劳动教育理念和实践形式与其他"四育"

融通起来，使劳动教育成为"五育"的"筋骨"。

例如，通过开展诵《离骚》、包粽子、画彩蛋、做香囊、叠龙舟、寻艾草等活动，使学生学习屈原的爱国精神有一个个具体的载体，而不是一种简单的说教，在动手做中加深了记忆和体验，收获了美好的体验感受，使"劳动最光荣"不再是一个口号。其中有一个学生精心绘制的彩蛋，一不小心没有保护好打破了，她心疼自己亲手做的彩蛋而流下了眼泪。看得出，这样贴合学生实际的实践活动深受学生欢迎，也在一定程度上触动了他们的心灵。

端午节体验活动，从劳育着手，以劳育带多育，通过主题活动实现全学科育人，将育人环节、育人学科、育人要素融合在一起，形成合力，实现育人的集合效应，落实"五育并举"育人理念。

以"劳育"带"多育"，让德育有温度，劳育有深度，美育有高度，智育有效度，在德育、劳育、美育、智育的有机融合中，培养学生的综合素养、爱国情操，增强民族文化的认同感和自豪感，促进学生全面发展。

"桥文化主题+'五育'融合"项目为例。通过挖掘思政、语文、美术、音乐、物理、数学等学科中的育人资源，在内容设计上以"桥"为主题，以时空为轴，建构起包括"'桥'见历史""'桥'见诗词""'桥'见大美""'桥'见歌声""'桥见世界""'桥'见未来"在内的课程内容体系，以一带多，以一育带多育，在多育融合中实现"五育"并举。

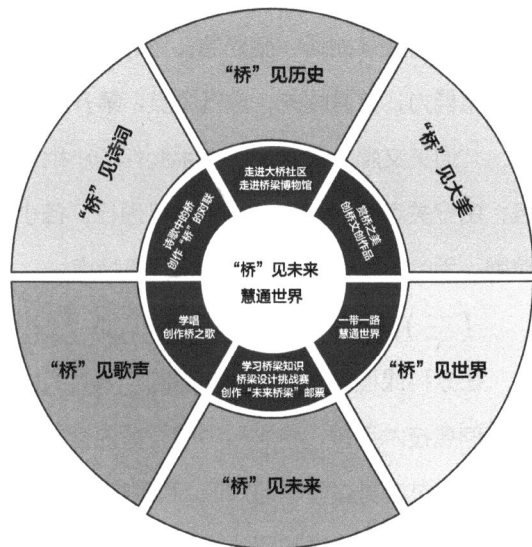

"桥韵"校本课程结构图

（二）跨域综合实践活动课程

建立"一育为主导＋他育辅助"的模式，同时突破以学校或课堂为单一学习场域的传统思维。

例如，"'五育'融合展风采，龟山徒步强体魄"——弘桥中学举办"我爱龟山"徒步活动。

赏龟山美景，健师生体魄，观历史遗迹，寻城市根脉，武汉市弘桥中学首届"我爱龟山"师生徒步行活动于 2023 年 10 月 27 日上午正式举行。

学生根据龟山独特的景观和地势设计徒步线路，课题组汇编成《我爱龟山》故事册，学生人手一册，还研制了 50 道龟山知识问答题，让学生们边打卡答题，边欣赏汉阳风光，感受人文精神。全程 5.5 公里的徒步，学生们高举班旗，迈开脚步，在山中尽情呼吸清新空气，全身心放松感受运动的愉悦。

学生在向警予烈士陵园缅怀英烈，集体朗读"英雄颂"，讲述向警予英勇不屈的革命故事，传承革命精神。

随后开始游戏与智力的大比拼，精彩的投壶游戏、"风火轮"滚滚向前、"纸上谈兵"游戏，还有集体朗诵、脑筋急转弯、趣味知识 PK 赛、歌曲联唱、课本剧表演……学生们群策群力，智慧闯关，意气风发，集齐印章，持牒通关。

"通关文牒"是学生们亲手制作的小组通关护照，每到一处需齐心协力完成趣味任务，由守关老师加盖"印玺"方可通行。各小组的"通关文牒"颇有古风古韵，上面有校徽、手绘地图、景点介绍等，各有特点。

（三）跨媒介分科课程

在分科课程中实现课程内容的统筹，即以综合的方式处理并实施分科课程的内容。通过信息技术手段，将学科中的五育内容融会贯通。利用虚拟现实、增强现实等技术，让学生通过亲身体验学习知识；利用在线课程、网络资源等，开展自主学习、合作学习等，培养学生的创新思维和团队协作能力。

例如，对高中语文教学内容《诗经》的阅读与教学设计，"在《诗经》的植物园中，体验'五育'融合之美"。

1. 课前自主探究。

引导学生利用信息技术手段，查阅有关研究《诗经》中植物的相关文献资料与图片；制作展示 PPT，介绍《诗经》中的某一种植物。

2. 课上交流。

利用信息技术创设情境，呈现《诗经》中的植物之美；交流展示 PPT，介绍《诗经》中的某一种植物，重点呈现其外在美（形、色）和内在美（诗歌意象的内涵或者象征意义）。

3. 课中竞赛。

利用信息技术呈现《诗经》相关植物的画面或视频，开展植物寻宝挑战赛，根据诗句找植物，或根据植物吟诗句。

4. 课后实践。

制作植物科普小视频，配"小作文"进行宣传说明，在云端发布，师生共评。

在探寻《诗经》中的植物过程中，融入德育、智育、体育、美育、劳育，使学生全面了解古代诗歌中的植物文化及其象征意义。通过观察、分析、归纳和表达，提升学生的文学素养和审美能力，同时培养学生的团队合作与动手实践能力。

三、数字技术打造教育新场景

在教育实践中构建立体化融合环境，在数字技术的帮助下，通过融合的方式做到一举多得、触类旁通。发挥数字技术易于创设情景、交流协作的优势，依托跨学科、主题化、项目式等综合学习活动以及特色课程，让学生在德、智、体、美、劳五个方面的发展相辅相成。

利用数字媒体技术，将不同学科中的"五育"内容以多种形式呈现，如音频、视频、动画等，使学生能够更加直观地感受"五育"融合的魅力，激发学生的兴趣，满足个性化学习的需要。

例如，弘桥中学开发的"'桥'见未来，慧通世界""多彩龟山"等视频课程，充分运用信息化技术与教学实施相融合。

"'桥'见未来，慧通世界"课程，包含"'桥'见历史""'桥'见诗词""'桥'

见未来"等众多视频资源，学生们可以选择自己感兴趣的资源"实地探访"，线上云游中国桥，感受中国桥之美、中国桥之壮观，了解中国桥的发展历史、建桥技术与艺术，让"桥文化"可视、可感、可触，让惊艳世人的"中国桥梁"这张国家名片鲜活起来，增强学生对家乡的热爱，促进中国桥梁文化的普及，让更多人群知悉。

"多彩龟山"以线上与线下相结合的方式，用全新的方式引导学生在亲身体验中感悟，在动手实践中创新创造。

线上云游武汉龟山："我把龟山故事讲给大家听"，由学校与武汉龟山公园管理处合作制作、建立龟山人文景观资源库（包含视频及图片），学生可在线自主选择学习素材，安排学习进程，自己编写讲稿，随需调用丰富的资源，并进入龟山人文景点（场馆）进行模拟讲解。讲解结束后，观众评价及时显现与反馈。

线下龟山徒步研学：既有龟山红色资源的德育浸润，又有有趣的智力闯关；既有挑战性的徒步健身，又有古风古韵的通关文牒等智育元素。这些内容有机融合在龟山课程中，真正促进学生素养的全面和谐发展。"多彩龟山"正是多学科全方位宽领域的"五育"融合的有益尝试。

虚拟现实技术可以为学生提供沉浸式的学习体验，通过虚拟场景的呈现，让学生更好地了解体育、音乐、美术、书法和劳动等五育内容的具体实践和应用。

利用游戏化学习方式呈现五育内容，让学生更加积极主动地参与学习，提高学生的学习兴趣和积极性。

例如，"劳动最光荣——以人教社高中语文必修（上）第二单元和高中英语 B4U5 *Working the land* 为例"。

劳动体验：利用信息技术建立虚拟场景，体验水稻的选种、插秧、施肥、浇水、收割等劳作过程。

群文阅读：引导学生阅读高中英语 B4U5 *Working the land* 及语文必修（上）第二单元，开展专题研讨活动，在阅读中体会劳动的价值与意义。

课上演讲：以饱满的热情用英文介绍袁隆平、张秉贵、钟扬等人物。

我来画像：为袁隆平、张秉贵、钟扬等画像。

智慧制作：尝试设计、改良、制作一种劳动工作或实验工具。

第二节
新课程下的"五育"课程融合策略

"'五育'融合"是在"'五育'并举"的前提下提出的。"'五育'并举"强调德、智、体、美、劳缺一不可，是对教育的整体性或完整性的倡导，"'五育'融合"则着重于实践方式或落实方式，致力于在贯通融合中实现"'五育'并举"。

在新的课程改革背景下，主要从教学内容、教学方法、教学评价等方面进行改革与实践，让学生在情境体验中学习，在实践中求知。变通高中课程的内容与结构，加强课程融合，推动育人模式的转变，扩大学校教育、教师教学、学生学习的自主权，引导学生自主选择、自主学习、自主发展，实现学生全面且有个性的发展。

一、主要概念

（一）"五育"课程融合

在五育并举、全人教育理论的指导下，以课程建设为融合的一种手段，是五育融合校本化实践的发展势态。在学科课程实施的过程中，以五育中的某一个维度为点，有机融入不同学科的知识和技能，在活动课程实施过程中，进行德、智、体、美、劳的有机融合。

（二）体验式"五育"融合课程

以"五育"并举、全人教育的理念和思维方法，对"五育"课程进行沟通融合，提升课程的综合性、适用性、实践性。

二、主要策略

（一）育人目标融合

破除学科壁垒，从全人教育的角度，从培养学生核心素养、关键能力的角度，从学校教育教学特色的角度，围绕育人目标，对课程目标进行整合，围绕课程目标进行新的课程构建、设计与实践。

例如，根据武汉市弘桥中学的办学理念和学生特点，课程素养目标侧重于培养学生的三种品格、三种能力。品格方面主要突出个人修养、社会关爱、家国情怀，能力方面注重自主发展、合作参与、实践创新。

通过"五育"课程育人，从课程的角度培养"五星"学生，"五星"即红星、黄星、绿星、蓝星、紫星，不同颜色的星侧重点有所不同。

对能够在德、智、体、美、劳等方面全面发展，且取得"五星"的品学兼优的学生，评为五星最高级，相应的综合素质评价为优秀。

（二）课程资源融合

弘桥中学着力构建"五育"课程体系，对国家课程、地方课程进行校本化转化，开发编写本校特色校本课程，逐步建构、丰富样本校的"五体""五育"课程体系。

"五体"是五类课程，即体德、体智、体艺、体技、体综五类课程。体德指体验式德育课程，体智指体验式智育课程，体艺指体验式音乐、美术、健美等艺术类课程，体技指体验式技术课程，体综指综合性实践活动课程体系。在体验式理念指导下，开展"五体"体验式课程设计与实践活动，将"五育"进行有机融合。

1. 国家课程资源校本化。

整合改编，将国家课程校本化。从普通高中学生的学情出发，对国家课程资源重新进行编排、组合，拓展提升，克服学科学习中的去情境化问题，引导学生体验、探索学习的过程，感知体验学习的快乐与获得感，以培养学生自主发展、合作参与、实践创新的能力。

2. 校本课程综合化、特色化。

从"营养"的角度看问题，校本课程应注意"营养"的全面性、"食材"的安全性，即校本课程要体现知识的综合性，要跨越学科的鸿沟，打破学科的壁垒，实现五育的融合发展。这就要求我们要勇于跨界，要有多维意识。正如手机原来只用来打电话，后来不断跨界发展，功能越来越多，手机也越来越重要。在校本课程开发中，教师"跨界"很多，数学、物理教师讲起了历史、地理、语文，实践了多学科的交叉与融合，尤其是借助各种技术手段，在校本课程中实现了"五育"融合。在强调综合性的同时，也要注意"食材"的安全性问题。比如不同专业知识背景跨界后，有可能传达不正确的知识，特别是在意识形态方面决不能犯错误。例如，我们学外语是因为它是交流的工具、学习的工具，我们不应传播"外国的月亮比中国的圆"的错误理念，而应该利用外语讲好中国故事。

再如，弘桥中学创编的"竞技健美操"校本课程，填补了湖北省高中阶段竞技健美操教材的空白。在没有现成的国家教材、地方教材可用的情况下，相关教师凭借自身专业技能，搜集整理相关资料，不断摸索，不断积累，不断设计创编，再经过实践不断修改完善，逐步形成特色校本课程。

3. 校本课程项目化。

还可以将一些好的校本课程做成项目，通过不断总结经验，最后形成"模版"。在这个过程中，教师还可以通过编制活动手册，指导下一次活动的开展。

例如，"城市交通拥堵解决方案探究""家乡传统美食文化传承""校园生态花园"等项目，通过引导学生综合运用语文、美术、信息技术等课程的知识，在实践中提高学生的综合能力。

（三）教学方式融合变革

1. 教学方式的改变与融合。

构建支架式情境化教学模式，为学生搭好"脚手架"，创设问题情境，引导学生主动探究。

①搭"脚手架"——围绕当前学习主题，按"最邻近发展区"的要求建立概念框架。

②进入情境——将学生引入一定的问题情境（概念框架中的某个节点）。

③独立探索——让学生独立探索。探索内容包括：确定与给定概念有关的各种属性，并将各种属性按其重要性顺序排列。探索开始时要先由教师启发引导（例如演示或介绍相关概念的过程），然后让学生自己去分析；探索过程中教师要适时提示，帮助学生沿概念框架逐步攀升。起初的引导、帮助可以多一些，以后逐渐减少，愈来愈多地放手让学生自己探索；最后争取做到无须教师引导，学生自己能在概念框架中继续探索。

④协作学习——进行小组协商、讨论。讨论的结果有可能使原来确定的、与当前所学概念有关的属性增加或减少，各种属性的排列次序也可能有所调整，并使原来多种意见相互矛盾且态度纷呈的复杂局面逐渐变得明朗、趋向一致。在共享集体思维成果的基础上达到对当前所学概念比较全面、正确的理解，即最终完成对所学知识的意义建构。

⑤效果评价——对学习效果的评价包括学生个人的自我评价和学习小组对个人的学习评价，评价内容包括：自主学习能力，对小组协作学习所做出的贡献，是否完成对所学知识的意义建构。

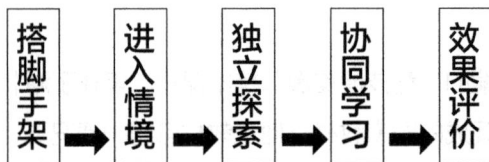

"支架式情境"教学模式课堂教学流程图

2. 线上线下混合式。

在学校课程教学中将网络课程教学与传统课堂教学结合起来。根据本校学生的特点，把学习的难点或重点制作成微课或进行在线讲解，解决学时有限、场地有限、教学资源有限的问题。

3. 家校教育一体化。

例如，创建"三位一体"（学校、家庭、社会）德育模式，以学校为主导，以学生为主体，把体验活动生活化，让学生在体验中感悟成长。

主要途径：在德育课程中认知，在活动中体验，在学科教学中渗融，在校园文化中浸润。

（四）学习方法项目化、主题化

1. 项目化。

例如，"城市交通拥堵解决方案探究项目"。学生上网搜集影响城市交通秩序的相关资料，并到繁华的路口实地考察城市交通拥堵原因，采访交警、市政等专业人士，提供解决方案和建议。然后根据各个小组的材料收集情况作方案，再利用 PPT 或者 flash 制作一份简要的情况说明，在全班或年级组进行宣讲。最后由全体学生评选出最佳解决方案。

2. 主题化。

通过主题群设计促进全学科育人。主题课程群是主题引领下的多学科课程综合化，以及学习情境化，教师将育人环节、育人学科、育人要素融合在一起，形成合力，实现育人的集成群效应。

例如，学习"中国服饰文化"，以语文学科为支点，与美术、历史、地理、劳动等学科相关知识与技能有效融合。以服饰文化为主题，从反映中国服饰文化的古诗词入手，收集整理反映民族服饰的资料、图片，包括邮票上的民族服饰等，了解中国服饰的发展演变过程，了解中国民族服饰的特点，增强民族自豪感和自信心。调查现代人的着装变化与特点，从服装变化的角度认识中国近现代史和社会与文化经济的发展变化。从美术的角度尝试进行服装设计，从色彩与款式搭配中达到美育效果。

能力目标：

①通过探究服饰中的文化现象，培养学生利用现代化信息技术获取有效资料的能力；培养学生的综合素养，提高学生发现美、鉴赏美的能力。

②通过对现今人们服饰的调查，让学生学会调查方法，培养调查能力；培养学生与他人合作、交流的能力。

③通过服装个性化设计的体验，进行展示、交流、分享，培养学生的创新意识及审美能力。

三、"五育"融合课程评价

在课程评价过程中，在评价手段中尝试融入或运用现代化的信息技术，增加更多的客观观测、统计，以实现更加客观、公正、便利的目的。对课程的五维评价包括：融合目标（课程目标）、融合内容（课程内容）、融合方式、融合过程、融合效果。

"五育"融合课程评价表

评价对象	评价指标	评价要求	评价等级		
			优秀	合格	待完善
融合目标	目标内容	课程目标符合学生多样化、个性化、全面性发展需要，能体现德、智、体、美、劳全面发展的培养目标			
	目标层次	课程"五育"发展目标，层次清晰，可行性强			
	目标重点	重视学生实践创新能力、积极情感态度和优秀个性品质的培养			

评价对象	评价指标	评价要求	评价等级		
			优秀	合格	待完善
融合内容	学科根基	以学科知识点为基础，向生活开放，向课外延伸，向学生精神层面和人文素养的深度拓展，有跨学科的资源整合或不同媒介的资源整合等			
	有机整合	课程内容从多方面整合德智体美劳等育人资源，内在富有逻辑性、层次性			
	融合程度	五育融合的方式有效可行，思路清晰，逻辑性强，项目化活动设计合理			
融合方式	线性融合	运用多学科知识了解问题、认识问题，体现多学科知识的交叉、融合			
	纵式融合	在主题探究活动中，实现不同学科知识的内化交融，运用多学科的思维方式和学习方法，让学生体验学习、创作的过程			
	辐射融合	自主学习，善于整合知识，跨学科思考，实现知识、技能、情感态度的有机融合			
融合过程	活动态度	师生之间、生生之间、小组之间合作互助，学生兴趣浓厚，积极思考，乐于交流			
	活动广度	全员参与，课堂时间充裕合理，课堂活动让不同层次的学生都能参与进来			
	活动深度	学生积极动手，集体协作、交流分享、方法多样，学生作品新颖，能借助多种辅助工具来表达观点，能提出富有建设性的想法			
融合效果	基础等级	绝大多数学生都能比较顺利地完成课程任务；绝大多数学生都有不同程度的收获			
	发展等级	绝大多数学生具备良好的学习热情和较好的意志品质；对学习内容产生强烈的求知欲望，对课堂学习有成就感和幸福感，有利于学生德、智、体、美、劳全面发展			

总之，从构建体验式"五育"课程入手，通过对培养目标、课题内容、教学方法、教材和评价等方面的匹配，达到多方参与，融合发展，从而实现师生、学校和社会等多方的价值共创。

学校课程应是一个动态过程、生态课程，关注学生全面发展，以德育为首，智育、体育为基础，劳育、美育为延伸，构建"五育"融合的育人模式。学校应满足学生发展的需要，不断调整、开发、丰富课程，以供学生选择，所以目前相应的教学方法还要进行变革。

第三节
基于"五育"融合的劳动教育实践

一、新时期普通高中劳动教育的主要问题

《中共中央　国务院关于全面加强新时代大中小学劳动教育的意见》指出：近年来一些青少年中出现了不珍惜劳动成果、不想劳动、不会劳动的现象，劳动的独特育人价值在一定程度上被忽视，劳动教育正被淡化、弱化。对此，全党全社会必须高度重视，采取有效措施切实加强劳动教育。

普通高中普遍存在"重智、轻德、弱体、抑美、缺劳"现象，"五育"失联，各学科割裂。高中生普遍面临繁重的学业，在巨大的升学压力下，很少有学校、家长或学生愿意在劳动教育方面投入过多的时间与精力，甚至会认为这样做就是浪费时间，以至挤占、挪用劳动课时间用来安排文化课程的学习。这种急功近利的做法不仅影响到学生的身心健康，而且影响学生正确世界观、人生观、价值观的形成。学生如果不会劳动，不愿意劳动，甚至认为劳动是低贱的，劳动者是低微的，那么久而久之就会形成好逸恶劳的不良品性，严重的成为生活不能自理的"巨婴"，这样的学生走向社会，往往是眼高手低，不愿从事普通劳动工作。

"重智缺劳"的导向造成有的学生厌学心理突出，缺乏人生目标；成绩落后的学生在学习过程中感受不到学习的快乐，没有收获感、成就感，感受不到生活的快乐，有的学生出现了抑郁等心理问题。

二、基于五育融合的劳动教育实践的重要意义

马克思主义关于"劳动创造人本身""劳动创造财富""劳动创造价值"等表述，

充分说明了劳动教育的重要价值和意义。在新的历史时期，加强劳动教育是高中新课程改革中重要的要求之一。

我们要认清劳动的本质，劳动是人维持自我生存和自我发展的唯一手段，积极的劳动可以让人身心愉悦，艺术性的劳动可以让人陶醉享受，智慧性的劳动可以让人沉浸忘我。因此，我们要厘清对劳动的认知，转变观念，减少惩罚性劳动，营造良好的劳动氛围，创设更多、更好的艺术性、智慧性劳动，让学生真正热爱劳动，享受劳动，以劳树德，以劳促智，以劳带全，促进学生全面健康的发展。

坚持落实立德树人根本任务，把劳动实践教育纳入育人全过程，全面加强新时代劳动教育，提高学生的劳动意识，树立正确的劳动观念，在劳动中"树德增智、强体育美"，在"五育融合"中实现五育并举，让劳动在日常教育和现实生活中落地、生根、开花、结果，促进学生全面健康发展。

把劳动教育与德育、智育、体育、美育进行有效的融通，实现劳动教育的日常化，天天有劳动，时时有劳育，"润物细无声"。在校内外，在学校的课程建设中，在教育教学过程中无缝地融合"五育"，使智劳融合，体劳相融，美劳交融。除在家庭中加强日常化劳动教育引导之外，学校也要加强组织与引导。很多学校苦于没有可供学生日常化劳动的基地和课程，武汉市弘桥中学从学校实际出发，在充分发掘本地资源、开发建设劳动成长课程、实现劳动教育日常化方面进行了有益的探索。

三、劳动教育的日常化策略

（一）创建校外"五育"融合的劳动教育基地

武汉市弘桥中学位于汉阳龟山脚下，龟山有丰富的自然景观和人文景观，学校与所在社区积极联系，践行"绿水青山就是金山银山"理论，保护、开发武汉市弘桥中学的幸福"靠山"，创建了学校首个劳动教育基地。有了基地，有了"靠山"，学校在课余时间可以随时开展"五育"融合劳动实践活动。

活动涵盖各个方面的素材，涉及史学、文学、哲学、艺术等，通过了解英烈们的历史背景、事迹和革命思想，学生们可以增长自己的历史和文化知识，了解国家的发展历程和民族的精神文化传承。学会如何做出正确的决定和行动，了解如何担当道义责任，以及如何建立健康的人际关系和社会关系。

学校经常性组织开展"我爱龟山"植绿、护绿志愿服务活动，学生在活动过程中捡拾白色垃圾，了解垃圾分类的知识，合理处理不同垃圾。此外，还可以组织学生讨论垃圾对环境的影响，收集资料，探讨垃圾回收的方法。

（二）开发"五育"型合性劳动校本课程

因地制宜，根据校情、生情开发全新的劳动课程，如"网箱中的四季花园"，把劳动教育与他育进行有效融通，以"劳"带"全"，在他育中强化劳动教育。

武汉市弘桥中学校园面积不大，因此学校决定利用移动网箱进行栽培种植，让校园四季春常在。移动网箱有效弥补了学校空间不足和学生没有劳动空间的问题，在走廊与过道上，随着四季变化，教师引导学生种植蔬菜、花卉。每个班每个学生小组分配一个移动网箱，每个学生都有自己的一片劳动天地。从施肥、育苗、浇水、除虫害到收获，学生们随时观察，随时维护，随时研究。

任务单一：学生考察花卉市场，阅读相关专业书籍，查阅相关资料等，掌握以下知识和技能：（1）对种植基质的基本认识；（2）栽植设备的恰当选择；（3）园艺工具的掌握运用；（4）花草种植与维护。

春天来了，播撒春天的种子，收获生命的成长。

劳动实践：学生们亲手混合泥土、播撒种子、浇水整土，亲身体验种植的辛苦与乐趣。大家相互讨论蔬菜的日常护理办法和持续养护策略，满心期待着种子破土而出、苗儿拔节生长，感受着属于他们的劳动荣光。

午后的阳光洒满校园，学生们以高度的热情投入到劳动实践当中。他们身着校服，戴着园艺手套，手持铲子或喷壶，穿梭在操场和小道，往返于水池和网箱。男生负责抬水泡发椰砖，女生则浇水撒播整土，每个人都有明确的任务分工，秩序井然，好一片欢快、热闹的劳动场景！

学生们小心翼翼地将种子播撒下去，给种子覆膜蓄水保温。在阳光的沐浴下，一颗颗种子在学生们的欢呼声和期待中扎根、萌芽、拔节、生长。春耕秋收，学生们在辛勤劳作、精心养护的过程中，收获种植的喜悦以及生命的成长！

这一阶段的蔬菜种植让学生们亲眼见证了从种子到成品的全过程，学生们利用亲手种出的蔬菜，制作出了美味的菜肴。

蔬菜种植的成果激励着学生们更加积极地参与到花卉种植活动中来。他们认真学习花卉种植的要领和注意事项，积极向老师请教花卉的种植技巧，认真听取指导老师的建议。在老师的带领下，学生们亲身实践，耐心进行土壤加工并播种、浇水、施肥。日常随时观察，加强管理，适时松土，补充肥料，并逐步学会了铲苗、修剪、移栽、维护等技术。

任务单二：（1）自制花肥；（2）制作创意花瓶；（3）研制网箱遮阳伞；（4）无土栽培。

（1）自制花肥。

为何需要自制花肥，花卉缺少必要元素会发生哪些疾病？让学生了解给花卉补充肥料的必要性，将所学的化学、生物等知识运用到种植劳动实践中。

学生们将从家里带来的鸡蛋壳分散摆好，等天气晴朗时放在太阳下暴晒几天。然后用晒干后的鸡蛋壳做固体花肥，或者把鸡蛋壳发酵后的液体用作花肥。课堂上分享制作花肥的知识，让更多同学体验劳动的快乐。

（2）制作创意花瓶。

学生们在学习花卉种植的相关知识，掌握种植花卉的流程和要领之后，进一步了解手工花瓶的制作流程、制作手工花瓶常用工具及正确的使用方法。

花开之际，老师引导学生们设计制作创意花瓶，本着因地制宜、废物再利用的原则，以小组为单位，制定相关的创意设计方案，设计花瓶草图；各小组代表进行交流，分享设计理念与故事背景。其他组学生结合班级实际情况进行方案可行性探讨，并提出改进意见，会后各组成员再次修改方案。学生们就地取材，利用生活中的各种材料，设计、加工、改造、涂色，制作形式多样、色彩丰富的创意花瓶。

把园艺劳动与艺术设计相结合，体会艺术创作与劳动实践不可分割的关系，让学生认识到，艺术创作来源于生活，艺术创作离不开劳动，以此增强学生对劳动的认同感。

（3）研制网箱遮阳伞。

炎炎夏日来临，花儿也怕热。该为这些花儿制作遮阳架了。学生们积极参与，搜索资料、准备材料和工具，尝试设计、制作实践。

（4）无土栽培。

学习了解并掌握有土栽培的知识与技术后，如何进行无土栽培呢？老师带领学生们对无土栽培技术进行了探索。

"四季花园劳动课程"，不只是简单的劳动，更是"五育"融合的实验田。体验式教育强调学生在实践中学习，是"做中学"与"思中学"的结合，主张教学不仅要传授知识，更要在体验中把认知、情感与行动统一起来。劳动课程把学生引入真实的劳动情境中，让学生获得真实的体验，知行合一，突出学生的主体地位，实现劳育与德育、智育、美育的有机融合。

对于高中生而言，融合不同学科知识，进行跨学科综合劳动实践，学以致用，进行创造性劳动、艺术性劳动、智慧性劳动是非常有趣的体验。

为此，学校应落实"立德树人"根本任务，持续推进"五育"融合，不断开发劳动资源、创新劳动实践形式、完善劳动教育机制，形成丰富多彩的劳动实践课程，让学生在动手实践中收获基本的劳动技能、接受锻炼、磨炼意志，引导学生树立正确的劳动价值观，使劳动不断成为学生全面发展最鲜亮的青春底色。

四、在传统节日活动中激发学生劳动的积极性

学生不愿意劳动，对劳动不感兴趣，关键原因是没有找到兴趣的触发点，没有体验到劳动的快乐和价值。

在端午节到来之际，学校精心设计，营造了浓郁的节日氛围，组织开展了以"劳动最光荣：体验端午文化，传承屈原精神"为主题的系列活动，大受学生欢迎。

"路漫漫其修远兮，吾将上下而求索""长太息以掩涕兮，哀民生之多艰"，学生在朗诵《离骚》经典诗句时，体会屈原的求索与追求、忧愁与无奈，感受诗歌的力量，深刻理解屈原对祖国和人民的热爱以及为追求理想而顽强奋斗的精神。

各班召开"诵《离骚》话端午"主题班会。学习"端午习俗""端午节的由来""端午节的魅力""端午节申遗"和"保护和弘扬端午文化"等相关知识。观看《端阳时节

话屈原》视频，领悟屈原的爱国情怀，诵读《离骚》等经典名句，感受传统文化的魅力。

实践证明，这既是一堂生动的语文课，也是一堂有意义的历史课，更是一堂温暖的德育课。

五、在传统节日活动中挖掘劳动的价值和意义

在传统节日活动中挖掘劳动的价值和意义，学校组织开展了包粽子、画彩蛋、做香囊、叠龙舟、寻艾草等活动，这些活动都是端午节特有的文化习俗活动。

包粽子：由学校食堂协助，提供原料和场地，食堂师傅、家长进行指导、帮助，高一、高二学生分班参加"包粽子，品节味"活动。折粽叶、装米、定型、打结……经过学生们的巧手制作，不一会儿，一个个形态各异的粽子摆满了桌子，空气中弥漫着淡淡的清香，大家的脸上洋溢着欢乐的笑容。

学生们画的彩蛋

做香囊：根据香囊材料里面附带的制作方法，学生们合作制作香囊，在穿针引线中体验劳动的快乐。看着一个个图案各异、色彩斑斓的香囊，学生们开心极了。

画彩蛋：学生提前准备制作彩蛋的彩笔、鸡蛋或鸭蛋。拿起画笔，蘸上五颜六色的颜料，在一颗颗蛋壳上涂满彩色颜料，蛋壳一下子变得生动起来。

叠龙舟：赛龙舟是端午节的主要习俗，通过龙舟折纸的形式，纪念爱国诗人屈原。在学校流水处或学校附近的莲花湖公园内，举行纸龙舟竞渡活动，从龙舟的外观、负荷、

稳定性等方面进行评比。

寻艾草：由课内向课外延伸，由校内向校外扩展。周末户外寻艾草，小手拉大手，学生和家长一起走向户外，走进田野，走进植物园，家人一起寻艾草，在家里挂艾草，感受端午节日的氛围。

学做菜：端午放假，学校倡导学生回家向家人学做一桌菜，或至少学炒一个菜，学会一项生活小技能，培养家庭责任感。

赋新义，送祝福：包粽子、画彩蛋、做香囊、叠龙舟、学做菜，是劳动技能的锻炼，送祝福活动让这种劳动形式有了更明确、更生动的意义。

"祝福高三，羽衣昱耀：破斧沉舟，拼他个日出日落，背水一战，搏它个无怨无悔。满怀希望就会所向披靡，愿你盖上笔盖那一刻如战士收刀入鞘的骄傲！"高一学生写道。

"百舸争流，奋楫者先；中流击水，勇进者先；努力奋斗的你们，星光会回馈你们灿烂！"高二学生写道。

送粽子给高三学生，分享端午节日的快乐，祝福他们一举高"粽"；送粽子给师长，感谢老师的辛苦付出！

各班组织学生将制作好的香囊和彩蛋，以及祝福小卡片，写上对高三学长高考成功的祝福语，写上对师长的感恩教诲语，写上对父母的感恩养育语，分别送学长、送师长、送父母。

在大课间，各班派学生代表前往高三班级送上亲手做的香囊、彩蛋和祝福卡，学生们将这些挂在高三教室的窗户上、楼道里，祝福的彩签卡片系满高三年级走道的外墙、楼梯……

端午香，校园香。学校营造了浓郁的节日氛围，学生们着实体验了端午节的民俗文化，他们小心翼翼地将清香的艾叶粉

学生们写的祝福卡

放入布囊中，缝制成自己喜欢的样子，一针一线中凝结着浓浓的祝福。精致的香囊散发出天然的香气，校园里弥散着美好的气息，将这份祝福送给高三的学长学姐。

历史悠久的端午节文化内涵丰厚，影响深远。端午之际，学校开展以端午佳节为主题的活动，让学生在活动中了解端午节的历史起源、民俗文化。学生们通过参加整个端午节活动，实实在在地了解了中华民族的传统文化，增强了民族文化的认同感和自豪感。

六、在传统节日习俗活动中实现"五育"有机融合

"传统文化＋劳动教育＋'五育'融合"，从武汉市弘桥中学端午节活动来看可以实现"五育"的有效融合。

"五育"融合的关键是有适宜的融合点。根据"把马克思主义基本原理同中国具体实际相结合、同中华优秀传统文化相结合"的指导思想，以传统节日习俗活动为"融合"点，以劳动教育为支点，尝试实践"传统文化＋劳动教育＋'五育'融合"，增强"五育"的关联度和衔接度，将劳动教育理念和实践形式与其他"四育"融通起来，使劳动教育成为"五育"的"筋骨"。

劳动最光荣，劳动很快乐。劳动的光荣和快乐体现在劳动有了收获，有了明确的意义，能够充分调动学生的积极性。在对传统节日的传承与创新活动中，坚持以学生为主体，让学生自主地参加各种活动，让学生在活动中获取知识和智慧、能力和技巧，体悟人生，让学生在做中学，内化于心，外化于形，形成正确的世界观、人生观、价值观，养成高尚的品质和完善的人格。

第四节
基于"五育"融合的体育实践

"赏龟山美景，健师生体魄，观历史遗迹，寻城市根脉"，通过引导学生探究龟山独特的人文景观，涵养人文精神。从书本中走出去，在社会中历练、在行走中读万卷书，开阔学生的文化视野。通过广博的文化知识滋养，高雅的文化氛围陶冶，优秀的文化传统熏染和深刻的人生实践体验而涵养人文精神。人文教育涵养的过程是一个自我心灵觉解、人生境界提升的内在生长和文化生成的过程，是一个知行统一的过程。

一、活动目标

徒步行走，锻炼身体，磨练毅力。

走进自然，放松身心，释放压力。

欣赏美景，了解历史，探究文化。

热爱龟山，保护龟山，建设龟山。

二、活动重点

通关文牒和打卡点活动的设计。

三、活动难点

活动路线及通关文牒的设计，安全保障。

四、活动准备

考察并确定活动路线，进行活动宣传和活动设计，制定活动方案。

五、活动保障

医护保障：校医全程陪同，备好医药箱。

安全保障：班主任、科任老师包班，班干部、组长包组。

后勤保障：后勤部门提供活动所需物品。

六、活动流程

（一）活动宣传

1. 校园广告宣传。

来挑战吧！

同学们：

"你挑着担，我牵着马，迎来日出，送走晚霞……敢问路在何方？路在脚下。"唐僧一行四人不怕艰难，不辞辛苦西游取真经。"烟雨莽苍苍，龟蛇锁大江"，学校后方的龟山曾藏龙卧虎，据说龟、蛇二将在此打斗，桃花夫人洒血而亡，桃花洞里现真容；蝴蝶杯中蝴蝶飞，《鹦鹉赋》里寻祢衡，高山流水觅知音，吴国设关铁门关；黄鹤一去不复返，恽代英烈士热血写丹青……黄鹤知何去？请你来探寻。

#月#日，让我们一起出发！

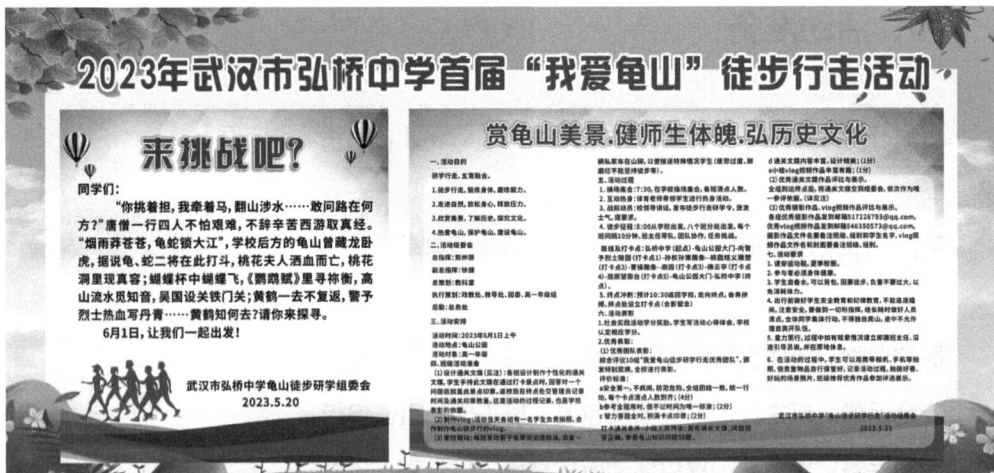

校园广告宣传

2. 班级视频短片宣传。

组织学生社团（摄影爱好者、传媒专业者）拍摄、制作活动景点宣传短片，在校内、班级发布展示。

班级视频短片宣传

（二）活动任务群

任务 1：设计打卡线路。

引导学生查阅文献资料，实地考察景点及路线。在查阅文献的过程中，让学生初步了解龟山的历史及人文景观，在实地考察的过程中调查、感知、体验各景点的文化内涵，在行走中观察、了解，确定活动的大概范围及主要路线。

手绘地图：要求学生根据龟山徒步活动组委会发布的活动范围及要求，在"通关文牒"上面手绘地图，将地理知识运用到活动实践过程中。

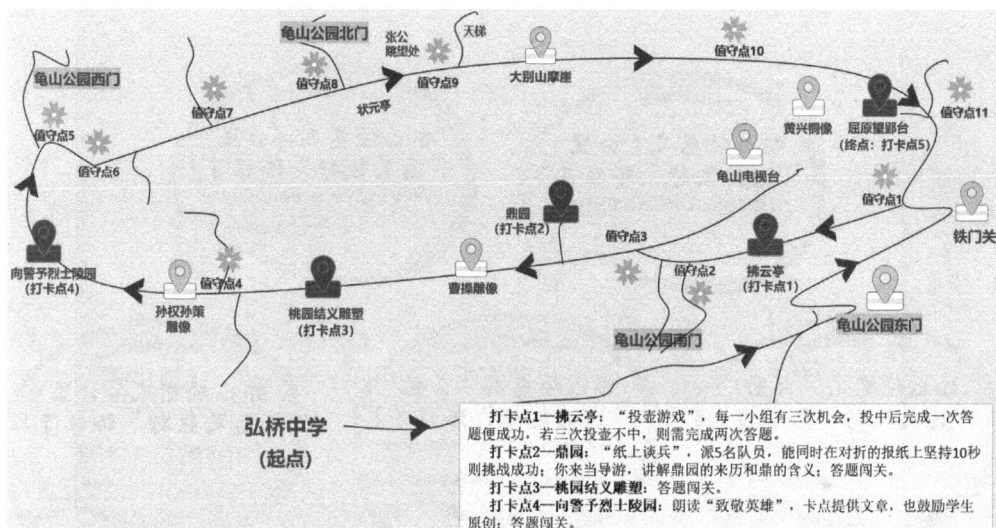

手绘地图

任务 2：设计卡点宣传牌、指示牌。

组织学生社团（美术爱好者、美术专业者）设计打卡点的宣传牌及若干指示牌，渲染气氛。根据真实的情境进行美育，结合景点特点，设计要具有艺术性和趣味性。

卡点宣传牌

指示牌

任务3：编制通关知识题库。

各学科教师引导学生编写各景点通关知识问答题，汇总形成知识问答题库。

例如，第4题龟山的气候类型：

A. 温带季风气候 B. 亚热带季风气候 C. 温带大陆性气候 D. 高原山地气候（答案：B）

第19题：抗日战争中，无论国民党军队，还是八路军、新四军和游击队，使用的主力枪械是什么？（答案：汉阳造）

第 21 题：在野外活动被蜈蚣等毒虫咬伤，应该立即用什么冲洗伤口？（答案：生理盐水）

第 40 题："勉从虎穴暂栖身，说破英雄惊煞人。巧将闻雷来掩饰，随机应变信如神"，这首诗说的是《三国演义》中刘备和曹操的一段故事，这个故事是：_____。（答案：煮酒论英雄）

任务 4：设计通关活动项目。

活动设五大打卡点：向警予烈士陵园、三国群英雕塑、华中第一鼎、屈原望郢台、拂云亭观景台，每个卡点都有团队比拼，也有智力问答，完成任务且答题正确，方可在各组通关文牒上盖章，开关放行。

例如，"鼎园"通关活动设计，"纸上谈兵"。

欢迎到我关，参观我的园。纸上来谈兵，解释鼎之缘。

通关条件：

（1）抽签回答对一个问题。

（2）请你当导游，讲解鼎园的来历和鼎的含义。

（3）"纸上谈兵"游戏：各队需派出 5 名队员，然后将完全展开的报纸对折一次，5 名队员同时站在对折的报纸上面，坚持 10 秒则挑战成功。

任务 5：设计制作景点通关印章。

引导学生设计主要景点的通关印章，要求突出各景点的主要特点并具有艺术性，各卡点主持人主持活动，答对题后方可盖章通关。

通关印章

任务 6：制作运动号牌。

组织各班设计制作号牌，号牌上标注"班级、组号"。

运动号牌

任务 7：设计通关文牒。

各班设计制作个性化的通关文牒，学生手持此文牒在通过打卡景点时，回答对问题后加盖此景点印章。返校后在终点处交给管理员记录时间及通关印章数量。这是活动的过程记录，也是学校表彰的依据。

通关文牒必备五要素：

（1）封面设计：必须要有学校名称、活动名称，班级和组号，小组人员姓名。

（2）通关文书：文案的写作，作为小组的通关公文，要有小组自我介绍。

（3）手绘地图：根据组委会发布的景点宣传视频，在文牒上手绘龟山徒步路线地图，注重标出五个打卡点的名称，供卡点盖章通关。

（4）景点介绍：可以图文并茂，简要介绍沿途景点的特点。

（5）宣传口号：突出"赏龟山美景，健师生体魄，弘历史文化"这一主题。

学生设计的"通关文牒"（一）

学生设计的"通关文牒"（二）

任务 8：制作视频日志（vlog）。

活动当天各组有一名学生负责拍照，活动结束后合作制作龟山徒步行的 vlog。

任务 9：设计优秀团队奖牌。

在全校范围内征集优秀作品，激发学生的创作热情，对优秀设计作品进行展示与表彰。

任务 10：撰写徒步研学报告。

学生写《龟山徒步综合实践活动报告》，学校认定综合实践活动的学分。

学生设计的优秀团队奖牌

（三）开展徒步活动

1. 龟山徒步行。

以班级为单位，学生排好队形，以班旗为引导，选择积极向上的音乐，跟着音乐节奏行走（展示队形美、节奏美）。

2. 我来当导游。

在活动的过程中，鼓励学生以导游的身份，以中英文等不同语言形式向同学们介绍龟山，例如：

龟山电视塔

Hi! I'm Lin Zeya. For Guishan Scenic Area, I like Tortoise Hill TV Tower best. When looking up at the sky in Wuhan, you will see a slim white tower which dominates the city's skyline. That's Tortoise Hill TV Tower, the most special high building of Wuhan. It always attracts people's sight. The tower has a heroic image because of its special shape which likes a needle soaring above the three towns of Wuhan. In 1986, the first Chinese TV tower, Tortoise Hill TV Tower, was built. With the height of 221.2 meters, it became the tallest tower in Asia which is known as the "Asian mast." Actually, it was built 10 years earlier than the Oriental Pearl TV Tower in Shanghai. As time goes by, the color of No.1 was faded. However, it still stands forever in our hearts.

3. 龟山摄影，观察欣赏。

在活动的过程中，学生可以用携带相机、手机等拍照，记录活动过程，拍摄好看、好玩的场景照片，活动结束后，班级推荐优秀作品参加评选展示。

4. 龟山通关闯关。

第一关：屈原望郢台。先试试身手，参与"投壶"与"智力问答"活动。

第二关：向警予纪念碑。在这里，"向烈士致敬"，并参与知识问答。

第三关：桃园三结义铜像。参与"我问你答""诗情画意"活动。

第四关：鼎园。参与"问鼎天下""纸上谈兵"和知识问答。

第五关：拂云亭。参与"风火轮动，智力问答"活动。

最后向终点冲刺。

（四）活动感悟

高二（1）班: 金秋十月，大家一起登高望远: 从远古的大禹治水，到三国铁门关下，万里长江第一桥。历史如烟，恍如一部诗篇巨作。通过通关文牒一系列丰富多彩活动的展开，在祖国锦绣江山中我们完成了这次红色之旅、绿色之旅。牢记我们的时代使命: 坚定信念，继续前行!

高二（6）班学生: 此次研学中，学校安排了多个游戏点，游戏失败还有答题的惩罚，我们在欢声笑语中学习了历史、人文等知识。其中最令我印象深刻的就是在刘关张雕像前的问答，拦路的老师语气幽默风趣，我们学到了许多课外知识，这真是一次既辛苦又快乐的经历。

七、活动表彰

（一）社会实践活动学分奖励

学生写徒步研学报告，学校认定相应学分。

（二）优秀表彰

1. 优秀团队表彰。

综合评议 10 组"我爱龟山徒步研学行走优秀团队"，颁发特别奖牌，全校进行表彰。

评价标准:

（1）安全第一。全组学生团结一致，统一行动，每个卡点都清点人数到齐; （4分）

（2）参考全程用时，但不以时间为唯一标准; （2分）

（3）智力答题全对，积满卡点印章; 打卡通关条件: 小组人员齐全; 要有通关文牒; 问题回答正确; （2分）

（4）通关文牒内容丰富、设计精美; （1分）

（5）小组 vlog 视频作品丰富有趣。（1分）

2. 优秀通关文牒作品评比与展示。

全组到达终点后，将通关文牒交到组委会，作为唯一参评依据。

3. 优秀摄影作品、vlog 视频作品评比与展示。

八、活动反思

从活动调查来看，发放问卷 218 份，回收问卷 218 份，有效问卷 216 份，用 SPSSAU 对问卷内部信度进行检测，克隆巴赫信度系数达到 0.896，徒步研学活动学生的参与度较高，学生对活动感到满意，继续参与的意愿非常强烈。

（一）在行走中"润"德

现在，城市高中生的一个重要问题是活动太少，困于校园，学业负担重，升学压力大，心理问题比较突出，而且不愿意吃苦，缺乏锻炼。此次学校合理利用当地资源，以徒步行走的形式，让学生吃苦流汗，起到了很好的锻炼效果。

武汉市弘桥中学地处汉阳龟山脚下，龟山自然及人文景观非常丰富，这里有历史传说故事，学生对龟山徒步这样的活动形式非常感兴趣，是一种很好的"体德"融合，不但锻炼学生的体能、耐力，而且可以培养团结互助的精神，寓教于乐，寓教于行，知行合一。让学生在行走的过程中去感受、去体验，去锻炼，在大自然中放飞心灵，排遣压力。在活动中受到"德育"的感染。如爬龟山寻英雄人物，红色打卡做红色传人，在向警予烈士纪念碑前，学生们默哀敬礼，瞻仰烈士纪念碑，缅怀英烈崇高精神。追忆英雄、寄托思念，坚定理想信念，立志在新时代新征程中贡献青春力量。通关打卡强调团队合作互助，犹如《西游记》中的西天取经，需要精诚团结，共闯难关。

（二）在行走中的"炼"智

徒步行走不仅仅是锻炼体能，更是考验心智。行走的过程，更是研学的过程。在行走中观察、感受、体验、学习、实践，从活动前的准备至开展活动，都需要学生动手动脑，综合运用各种知识和技能来解决问题。如手绘地图、宣传广告、通关文牒、景点介绍、知识问答等，需要学生综合运用地理、语文、英语、生物、数学、物理等学科知识。例如模拟导游，介绍龟山及主要景点，能够很好地锻炼学生的语言运用及表达能力。讲好龟山故事，需要熟悉相关的众多历史文化知识，也是一次很好的职业体验过程。

龟山公园草木繁盛，植被丰富，如红花酢浆草、槐花、楸树、杜鹃、珍贵蕨类等，学生们在行走中欣赏龟山美景，辨认花草树木，走进奇妙的大自然，倾听微风与花朵的细语，这是生活中的生物学。

卡点通关环节是游戏与智力的大比拼，每个卡点都是趣味盎然的团队比拼，学生们通过智力问答，完成任务，答题正确，方可在各组通关文牒上盖章，开关放行。

（三）在行走中"激"美

生活中不是缺乏美，而是缺乏发现美的眼睛，发现美的眼睛需要在生活中锻炼。徒步行走前的卡点宣传广告牌的设计、印章的设计、通关文牒的设计、运动号牌的设计、奖牌的设计等，都是艺术美的呈现。在徒步行走的过程中，学生们随时发现美、捕捉美、拍摄美的"瞬间"，制作"美"的影像。这种"美"，可能是大自然中的一草一木，可能是历史人文景观，也可能是徒步现场的各种场景。教师鼓励学生以各种方式来发现美、记录美、创作美，激发他们"美"的潜质，培养"美"的意识和精神。

（四）在行走中"乐"劳

徒步行走的过程中既有体力劳动，也有脑力劳动。徒步行走前的各种设计与制作，包括文献查阅、路线考察、编写知识问答；徒步行走过程中的身体各种负重，通关环节的游戏与智力比拼，包括卡点宣传牌的运输，都要经历苦其心、劳其形的重要考验。

"通关文牒"为中国古代护照，它是古代人们通过关戍时拿在手中的通行证。"通关文牒"的设计与运用，体现诸育的有机融合，既有趣味性，也有知识性、艺术性。它是小组的通关公文，上面既需要体现文学性的表达，如文案的写作、小组自我介绍、沿途主要景点的介绍、小组的宣传口号，也需要学生运用地理知识，手绘徒步路线图。通关文牒形式的设计体现着艺术性，需要呈现"美"，表达"美"。

在行走中，"五育"达到有机而自然的融合。

第五节
生态文明教育与"五育"融合实践

武汉市弘桥中学地处武汉汉阳龟山脚下，龟山拥有着丰富的自然资源和历史文化资源，各类观叶、观花植物 50 万余株，更有蛇雕、小灰山椒鸟、三宝鸟等 158 种鸟类居住于此，是城市中心名副其实的生物多样性公园。加上龟山上文化景点众多，历史名人大禹、屈原、关羽、鲁肃、张之洞等都在龟山留下佳话和足迹，是探寻城市之根、溯源武汉建城历史的重要宝地。学校坚持落实"立德树人""'五育'并举"的育人目标，践行"绿水青山就是金山银山"的理念，不断拓展社会育人资源，依托龟山公园独特而丰富的资源创建了教育研学基地，持续开发"我爱龟山""五育"融合课程。

一、保护生态，使劳动教育基地化

限于学校的条件与设施，劳动教育的一个最突出的问题是空间问题，如果没有劳动教育基地，就无法有效开展相应的劳动教育活动。如何创造性地因地制宜开展劳动教育，需要家校社协同共建。

学校与龟山公园管理处在平等自愿的原则下共建共享龟山公园，双方签订了合作协议，使龟山公园成为学校的教育研学基地。

教育研学基地教师根据学科特点开发相应的龟山特色课程，如地理教师带领学生们在龟山探寻地层结构，美术教师带着学生们来龟山写生，体育教师经常带着学生们来徒步锻炼，让学生们将课堂融入具体实践之中。

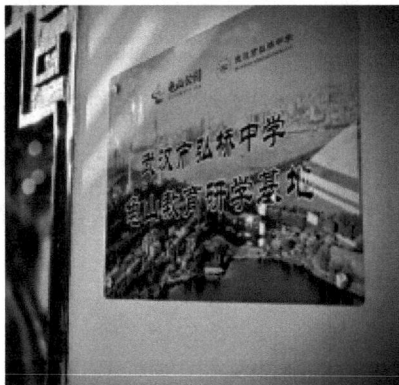

教育研学基地

二、家校社合作，开展系列生态保护劳动综合实践活动

保护龟山，从我做起。通过实地调查龟山的地理环境，学生们发现散落在草丛的垃圾、杂物，严重影响生态环境。弘桥中学的师生们认真筹备、精心组织，积极开展了保护绿色龟山的系列活动，用实际行动为筑造绿色家园贡献自己的力量！

例如，学校与武汉市龟山风景区管理处、武汉全民义务植树网联合开展"绿动武汉，冬护树暖"活动。

"看，我的旧睡衣裁剪过后美美地穿在了大树身上。"

"用旧围巾包裹树身，再用旧手套装饰成搂抱的双手，这个'拥抱'大树的创意造型是我们昨天在学校里缝制完成的，今天让它'上树'，帮助大树美美过冬！"

"大树也可以又仙又美，穿上这件改制过的旧白裙，眼前瞬间出现了一位树仙女。"

2023年12月8日，武汉市弘桥中学的50多名学生，将自己用创意制作的"冬衣"给武汉市龟山公园的19棵大树穿上了新衣，花式"表白"树木，唤起市民对"树朋友"的关爱。

武汉市龟山公园专技人员肖琛介绍："往年进入冬季，园林职工都会为了防虫防冻将树木刷白，今年冬天，学生们自己动手，不仅参与了义务植树，还将这样的美好分享给周围人，值得赞扬。"

前期，学生们在美术老师的精心指导下，激发无限灵感，构想心中的创意蓝图，对衣物、纸盒、布料等进行二次改造。开展活动时，一声令下，大家迅速拿起自己喜欢的装饰品开始为树木穿上各式各样的"衣服"，好一派热火朝天的劳动场景。经过近两个小时的辛勤劳作，龟山公园东门山坡上的19棵挺拔的三角枫穿上了越冬的新衣：五彩缤纷的"圣诞树"，充满童真的"七彩天使""小玩偶"，还有寓意着浩瀚天空的"星辰大海"等，满载着学生们的美好祝福。

再比如，学校组织开展的"绿动武汉：种下希望树，守护生态绿"活动。

学校与龟山公园管理处协商，选定适宜地点开展植树育苗活动。

活动后，高三（4）班学生方志伟写道："阳春三月，暖风拂面，在这个春风和煦的下午，

我们在龟山之下种下希望之树。我们和老师一起相约龟山，在这里一起栽种了一棵棵小树苗。大家分工合作，互相帮助，将一棵棵小树苗整整齐齐地种在土中。看着小树，我思绪万千，这一棵棵娇小柔弱的树苗在时间的磨砺下将会成长为一棵棵参天的大树，这不正如我们一般吗？从那个懵懂无知的少年，成长为现在成熟稳重的青年。这次的植树活动也如同在回望着自我，这些树苗也是希望之树，寄托了我们的希望。虽然植树很辛苦，但我们收获满满，劳动最光荣！"

三、生态文明与"五育"融合，生态文明教育课程化

学校依托龟山公园独特而丰富的资源建立研学基地，持续开发"我爱龟山"五育融合课程，开展了"我爱龟山"主题综合实践活动。让学生们和身边的人文、自然资源建立情感链接，启发学生熟悉龟山、喜欢龟山、爱上龟山，通过实际行动来美化龟山，培养家国情怀以及对家乡的热爱，同时也能加深他们的乡愁记忆。

"我爱龟山"课程

学科支点	劳动＋融合项目
劳动	绿动武汉：冬树护暖、植树护绿
数学、生物	龟山植被的调查、统计与分析——龟山绿植的优化建议
英语	龟山景点实地探究与推介（中英文）
语文	龟山人文景观调查
政治	龟山祭英烈——学习向警予烈士的当代价值讨论
历史	龟山历史与发展考察
地理	龟山地形与地貌特点观察与分析
物理	龟山电视塔考察与光学工程运用探究
化学	龟山地质地貌考察与化学成分分析
美术	我爱龟山——龟山写生
体育	龟山徒步研学行走

以"我爱龟山"徒步活动为例，此次徒步活动的成功举办，离不开汉阳龟山风景区的大力协助，从创意策划、活动组织、安全保障等都给予了我们全方位支持。这次活动也得到了家长的大力支持，多位家长参与志愿服务，还和孩子一起登山，享受难得的亲子时光。

此次徒步活动旨在通过推动家校社的紧密合作，实现学生的全面发展，提升学生们的综合素质，不仅培养了学生的集体意识和积极心态，更锻炼了体魄，磨砺了意志。"我们不仅要让更多人看到龟山的自然生态之美，还要讲好龟山故事，让龟山的历史文化活起来、展示出来，并传承下去。"龟山风景管理处表示，为了让更多人了解龟山，龟山风景区管委会先后研发龟山探城史、龟山学文学、龟山地质课、龟山拓印课、龟山观鸟等特色品牌活动。和学校合作开展系列研学课程是一次创新，也是一个新的开始。下一步，龟山公园将与武汉市弘桥中学加强共建，发挥各自资源优势，深入挖掘龟山公园内的绿色生态、人文历史、红色文化、健康运动等资源，让更多人走进龟山，了解龟山，让龟山成为学生们心中的美好乡愁。

第六节
"我爱龟山"主题跨学科教育案例

一、探寻红色龟山，传承革命精神

（一）课程开发背景

湖北武汉，是一座拥有丰富党史资源和光荣革命传统的历史文化名城，在党的历史上具有重要地位。中共武汉早期组织，是当时国内外 8 个重要早期组织之一，成为创建中国共产党的一块重要基石。武汉发生了很多重大历史事件，在中华民族伟大复兴的征程中做出过巨大牺牲和重大贡献。"二七"大罢工、收回英租界、八七会议、抗日战争等一系列革命实践，孕育了武汉不畏强暴、敢于牺牲的大无畏革命精神，坚忍不拔、勇往直前的奋斗精神，这些精神铸就了武汉"英雄城市、英雄人民"的精神文化品格。

龟山，位于湖北省武汉市汉阳区，南临长江，北依汉水，与武昌蛇山隔江相望。被列为"全国重点革命烈士纪念建筑物保护单位"的向警予烈士陵园，坐落于龟山西巅，陵园坐东向西，依山而建。1978 年 5 月，为纪念我党早期优秀党员、中国妇女运动的先驱者、模范妇女领袖向警予烈士和中国土地革命战争时期牺牲的烈士而修建。红色龟山因此而得名，成为武汉市重要革命传统教育基地之一。而位于龟山脚下的武汉市弘桥中学的学子，每年都要开展各种形式的活动，缅怀革命先烈，用行动弘扬革命精神，做革命接班人和红色传承人。

"红色龟山"是"我爱龟山"系列校本课程中的第二篇章。本课程通过了解龟山上革命烈士的英勇故事和红色武汉的历史，深入探究弘扬革命精神的当代价值，加强对青年学生的理想信念教育，继承和发扬革命先烈面对困难、勇往直前的精神，不断增强中国特色社会主义的道路自信、理论自信、制度自信、文化自信，为实现中华民族伟大复兴的"中国梦"贡献自己的青春和力量。

（二）课程目标

1. 通过介绍红色龟山的背景，了解龟山上革命烈士的英勇故事，进一步了解红色武汉的历史，表达对革命先烈的怀念与敬仰之情，激励学生铭记红色历史，继承光荣传统。

2. 通过探究红色龟山的价值，深入探讨弘扬革命精神的当代价值，使学生增强传承革命精神的使命感。

3. 开展各种形式的学生活动，鼓励青年学生用行动弘扬革命精神，做革命接班人和红色传承人。

（三）课程内容设置

本课程内容主要由三部分构成。

课程内容表

章节	课程内容
1	红色龟山的背景：革命女杰，向死而生
2	红色龟山的价值：传承红色基因，引领未来发展
3	红色龟山的传承：激扬青春热血，做红色传承人

1. 红色龟山的背景：革命女杰，向死而生。

2023 年 3 月，我校开设了"我爱龟山"校本课程。在"红色龟山"这一课程资源的开发过程中，教师带领学生们来到向警予烈士陵园，瞻仰革命烈士向警予，参观向警予烈士生平展示厅，了解向警予烈士短暂而绚烂的一生。

向警予烈士一生致力于"为女界大放光明"，从小就崇拜花木兰式的女英雄，立志做旧社会的"清道夫"。1919 年，向警予加入新民学会，成为最早的女会员。1922 年，向警予回国后加入中国共产党，成为最早的女共产党员之一。她为党中央妇女部起草文件，发表论述妇女解放运动的文章，培养了大批妇女工作干部，在妇女解放运动史上做出了不可磨灭的贡献。五卅惨案发生后，向警予领导上海妇女界参加了这场反帝爱国斗争，她那学识渊博、言辞锋利、鼓舞人心的演讲，给人们留下了深刻的印象。她慷慨就义时，年仅 33 岁。

利用课外时间，学生们查阅了大量资料，进一步了解了武汉的红色革命历史。武汉，在党的历史上具有重要的地位，在中国近现代历史重要关头和转折时期，多次成为全国革命中心，是中国共产党组织的重要诞生地和发祥地之一，把党领导的第一次工人运动高潮推向了顶点，是大革命中心和中共中央所在地，是人民军队建军的策源地，是第二次国共合作中心和 1938 年全国抗日运动中心，拥有众多的革命旧址，革命文物涉及各个历史时期，资源数量位居全省前列，"红色家底"深厚。

学生们通过参观革命烈士生平展厅和查阅资料，不仅了解了向警予烈士的英勇事迹和武汉的革命历史，还增强了自身使命感和责任感，充分意识到：若要山河无恙，吾辈当自强！

2. 红色龟山的价值：传承红色基因，引领未来发展。

龟山苍苍，汉水泱泱。烈士伟绩，百代流芳。无数革命先烈在武汉这座英雄城市抛头颅、洒热血。学生们在暑假分小组开启红色研学之旅，先后参观了湖北省武汉市中国共产党纪律建设历史陈列馆、中共五大会址纪念馆、武昌毛泽东旧居及中央农民运动讲习所旧址纪念馆、江岸区八七会议会址纪念馆、武汉中共中央机关旧址纪念馆、八路军武汉办事处旧址纪念馆、汉口新四军军部旧址纪念馆、江岸区武汉二七纪念馆等纪念场馆。最后，通过查阅资料、整理文献，每组派代表给学生们分享了林祥谦、施洋、曹渊、邓雅声、夏明翰等革命先烈的故事，回味了他们生命的高光时刻，感受他们对党的炽热情怀、坚定的革命信念、崇高的人格气节。

通过此次研学，学生们了解了许多老一辈无产阶级革命家曾在武汉这片红色热土上探索中国革命道路，上下求索，开拓创新，留下了坚实的足迹，明白了革命理想高于天，没有一大批具有坚定共产主义理想的中华儿女，就没有中国共产党，也就没有新中国，更没有今天我国的发展进步。此次活动使学生们更加坚定了大力弘扬红色传统，传承红色基因，赓续共产党人精神血脉的信念，将其内化为自身的精神动力和价值观，为实现中华民族伟大复兴的中国梦贡献自己的青春和力量。

3. 红色龟山的传承：激扬青春热血，做红色传承人。

作为当代青年，我们与新时代同向同行、共同前进，生逢盛世，享受着革命前辈用生命和鲜血换来的幸福和美好。在推进国家富强、民族复兴的进程中，当代青年该如何传承青春风范，点燃青春火焰，彰显青年担当呢？

清明时节寄哀思，英烈精神励今人。每年清明，我校师生都会步行到这里，通过形式多样的劳动实践活动，寓教于劳，寄托全校师生的哀思，向英烈们表达最深切的缅怀，传承红色基因，培养红色接班人。

活动一：宣讲英雄事迹。

各班学生自主选择多种形式开展宣讲活动，绘小报、给英雄画像等方式认识英雄，了解英雄，在宣讲中将感悟到的革命精神传递出去。

活动二：开展主题班会。

各班召开"清明祭扫英烈，追忆英雄精神"主题班会，学生们了解清明节传统文化习俗，了解革命烈士的英勇故事，诵读烈士们的红色家书，深刻感悟革命精神，并在便利贴上写下想对先烈说的话，最后学做小白花献给先烈，寄托思念。

活动三：清明祭先烈。

（1）学生代表身着统一校服，手持自制菊花，自带清洁工具，前往龟山向警予烈士陵园，开展清明祭扫先烈活动。学生代表讲述英雄故事，宣读"先烈，弘桥学子想对您说"，将全校学生的心声带到烈士墓前。

（2）献花：将各班制作的小白花敬献烈士墓前，表达吾辈青年的鸿鹄之志，我们将接过时代的接力棒，踔厉奋发，不负先烈、不负人民、不负时代。

（3）打扫陵园：学生们将陵园的栏杆、台阶、宣传栏轻轻擦拭得干干净净。此刻轻柔的风吹过这些年轻的面庞，宁静而温和，英雄并未走远，永远铭记在我们心中。

（4）走进烈士纪念馆：讲解老师详细介绍了向警予烈士光辉而短暂的一生，学生们听得那样认真，一个个屏气凝神，目光坚毅，仿佛回到了那个灾难深重的岁月，看到了无数先烈抛头颅洒热血的身影。他们中很多人甚至连名字都没有留下，但是我们不能忘记，我们安稳宁静的今天，正是他们用生命点亮的明天。

（5）开展一次研讨会：学习英烈的当代价值

2023年4月4日中午，一场别开生面的研讨会将此次清明节系列活动推向新的高度。研讨会围绕"学习英烈精神的当代价值"展开，政治学科组长郭玉娥老师组织学生们深入探讨，学校德育副校长徐捷、教科室主任柳阳，以及学校课题组老师们都来到现场观摩。

通过各小组讨论、小组代表上台交流，学生们再一次感受到革命先烈的精神永不过时，正是当代中国、当代青年所必需的宝贵精神财富，共同发出了最强弘桥心声：让英烈的英名永存，让我们一起续写光辉！

（四）课程实施成效

1. 有利于加强对学生的理想信念教育。

"红色龟山"是我校校本课程"我爱龟山"的第二章。该课程以独特的龟山视角，深入挖掘其中的红色资源，对学生开展红色主题教育。通过研学旅行，学生们感受到革命先辈们的光辉事迹，培养了热爱祖国热爱家乡的情怀。

2. 有利于培养学生的团队合作意识。

本课程遵循"体验—探究—升华"的课程实施流程,采取小组合作、体验式活动相结合的方式学习。学生们在体验式学习方式下,通过小组互助合作探究,充分发挥小组成员各自的特长,既激发和调动了学生探究的兴趣和主动性,又培养了他们的团队合作意识。

3. 有利于增强学生的意志品质。

本课程通过在亲身体验中感悟、在动手实践中创新创造,迎难而上,遇到困难学会理性看待,想办法解决问题,增强了学生的劳动意识和实践能力,培养了其坚强毅力和持之以恒的品质。

(五)反思

我校历来重视校本课程资源的开发与利用,根据学校所处地理位置特点开发了具有我校特色的"我爱龟山"校本课程。同时,注重发挥校本课程的育人价值。

通过本课程资源的开发,我们认为在课程资源开发中,首先,应根据我校的校情及学生的认知特点,来选择有利于调动教师和学生积极性的合适资源进行开发。其次,在课程资源开发的过程中应尽可能多地动员社会各方力量,比如学生、教师、家长、不同行业的从业者、工商企业、政府部门等。最后,在课程资源的开发方法上可以采用多种方式,比如文献的研究、收集和整理、设计问卷调查、对社会各界人士进行访谈、开展社会实践活动等。这些方法的运用关键是要发挥学生的主体作用,积极调动学生的主动性,大胆放手让学生去做,相信学生一定会给我们带来很多意想不到的收获和惊喜。

二、践行生态保护,共建绿色龟山

(一)课程开发背景

党的二十大报告中提出:"推动绿色发展,促进人与自然和谐共生"。习近平总书记提出"绿水青山就是金山银山",强调"生态文明建设是关系中华民族永续发展的根本大计",倡导绿色发展理念,指明绿色发展方向,强调必须以更高站位、更宽视野、更大力度来谋划和推进新征程生态环境保护工作,谱写新时代生态文明建设新篇章。

近年来,武汉市人民政府践行绿色发展理念,进行拆迁复绿景观提升项目,使龟山成为名副其实的"都市绿肺""城市绿岛"。为了让绿色发展走进学生的思想和实践中,本课程选取紧邻学校的龟山，以野外实践活动为主，运用有关的地理工具识别龟山的地形地貌，并分析论证形成过程，调查植被多样性，使学生切身感受自然，获得真实体验，科学认识地理环境，用行动保护绿色龟山；同时搜集或查阅有关龟山的地质、地貌、气候、水文、土壤、生物等方面的文献资料或图片，了解该地自然环境的基本情况。项目为学生创设多元学习情境，丰富学习内容。

（二）课程目标

1.通过调查资料和实地观察龟山的地形地貌，深入了解龟山的形成过程，培养学生的地理观察力、实践力。

2.通过实地探寻植被在龟山中的位置，调查植被多样性，并描述植被特征，分析植被产生的生态效益，引导学生挖掘龟山的生态价值，培养学生的人地协调观，激发学生保护环境的意识。

3.通过生态保护宣讲、志愿卫生服务、植树育苗等活动，学生用行动保护龟山，践行绿色发展理念，理解绿色发展的重要性，增强社会责任感。

（三）课程内容

我校开展了"我爱龟山"校本课程，本课程由室内课堂资料搜集展示、野外观察实践活动和用行动保护龟山三部分构成。

1. 室内资料整理。

室内资料整理环节，包括搜集或查阅与龟山有关的文献资料或图片，一方面了解该地自然环境的基本情况，重点是龟山的形成过程、龟山的植被类型和特征，另一方面为野外实习独立观察、判断做准备，并选择出能观察到最具代表性和典型性的自然地理现象的观察点和观察线路，在课堂上向全班学生展示成果。

通过查阅资料，学生们了解到龟山的优越地理位置，即武汉的城市地理中心和标志性风景区。"龟蛇锁大江"，龟山与蛇山组成武汉东西向山势，与南北向的长江和汉水，共同构成山水十字轴线。龟山是俯瞰武汉三镇景色的最佳之处，在山间可感受长江大桥与鹦鹉洲大桥的壮丽，在山顶可欣赏两江交汇的雄壮。江天云阔，直指鹦鹉洲，雄奇多姿，近观黄鹤楼。

龟山海拔 90.02 米，山体占地面积 35 公顷，由坚硬致密的石英砂岩构成，抗腐蚀，耐风化。经过亿万年的风吹雨打，其他岩石都被风化掉了，只有砂岩仍然凸起在地表，形成龟山的山峰。从地质角度分析，龟山有一个特殊的称谓：残丘（残山）。此处砂岩形成的沉积环境是一种滨海环境，原始的岩石形成时是水平的，后期受到南北方向的挤压抬升，导致岩石发生了各种变形、破裂、位移，使得现在龟山走向呈现东西方向延伸、南北方向倾斜。因此龟山一块平平无奇的石头，也许就有着几亿岁的高龄呢。

龟山位于亚热带季风气候区，植被是由常绿阔叶林和落叶阔叶林组成的混交林，以常绿阔叶林为主。龟山山体共有树木 10 万余株，绿化面积 30 余万平方米，绿化率为83.16%。其中，常绿阔叶树女贞、樟树、桂花数量较多，还有石楠、枫杨、乌桕、枫香等。针叶树有马尾松、雪松等，此外还有竹类。古树名木共有 7 株，其中朴树、紫薇树龄已达 120 年。

学生们在查阅资料的过程中，不仅了解了龟山的形成过程，还整体上认识了当地的自然环境特征。为了进一步识别地理现象，取证和分析形成过程，提升认识自然的能力，教师带领学生们走进龟山，进行项目实践研学，对龟山岩石和植被多样性进行调查。下面是学生们选择的观察典型岩石和植被的点位和线路。

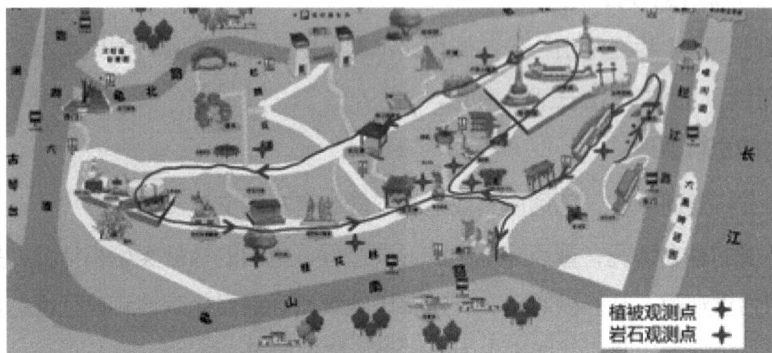

龟山观测点及观测路线

2. 野外观察实践。

学生们带着几个问题进行项目探究。观察地形地貌：利用地质锤、放大镜等地理工具识别观察砂岩，描述砂岩特性。实地调查植物：借助景区已有树木名称标识，通过课堂所学植被知识或拍花识物 APP 获得植物名称和类型，观察植物的根、茎、叶、花、果实，并对植物生长的位置、胸径、树高、立地环境条件、生长状况、病虫害情况等方面作详细的记录，填写植被登记表。交流探究成果：深入挖掘龟山的生态价值，并制作公园树木分布一览图。

（1）观察地形地貌。

图一是在龟山南侧出现露头的红褐色砂岩。当岩石经物理、化学等作用改造，岩石颜色会发生变化，显示出新的颜色，此岩石呈现红褐色是因为岩石中的含铁物质被氧化所致。在图一位置不远处（图二所示）又发现了一块风化的砂岩，呈现土黄色。用地质锤轻轻敲开，发现新鲜面上是灰白色的，用手触摸发现岩石是由细小的颗粒组成，大小均一，直径在 0.5 毫米左右。

图一：红褐色砂岩

图二：风化的砂岩

龟山由这些坚硬致密的石英砂岩构成，它抗腐蚀，耐风化，强度大，这也是万里长江上第一座铁路、公路两用桥梁——武汉长江大桥在此选址的原因。通过对岩石的观察，学生们受益匪浅。

（2）实地调查植物。

沿着观察路线，学生们观测到了常绿阔叶林女贞、樟树、桂花，落叶乔木乌桕，针叶树雪松，此外还有一些随处可见的竹类、沿阶草、古树名木大朴树。

女贞，大多位于东门沿路，亚热带树种，为常绿灌木或乔木。喜光耐荫，树皮为灰褐色，叶片革质，果实成熟时呈红黑色。教师指导学生们根据树皮颜色和果实颜色辨别。

樟树，沿路分布，亚热带树种，为常绿大乔木。喜光怕冷，平均高度为 15 米，具有樟脑味。教师指导学生们根据气味和椭圆形叶子辨别。

雪松，在鼎园附近分布，常绿乔木。树冠呈尖塔状，叶针形，质硬，呈灰绿色。

桂花，在桂月亭附近，位于龟山南侧，为常绿灌木或小乔木，聚伞状花序簇，高3~5 米。

植物图

在龟山南坡，学生们重点观察了大朴树，它属落叶乔木，树皮平滑呈灰色，科名为荨麻目榆科。标牌上介绍这种树木喜光，耐寒，适应性强，树龄已高达 120 年。学生们观察发现，树木用护栏保护，没有病虫害，生长状况良好。在教师的指导下，学生们合力用卷尺测量，得到其胸径为 360 厘米，树高约 28 米，冠幅约 46 平方米。最后大家在这棵参天大树下合影留念，学生们的脸上洋溢着幸福舒缓的笑容，这是人与自然和谐相处的真实写照。

（3）交流探究成果。

野外观察结束后，学生们畅所欲言，深刻认识龟山的生态价值。高一（7）班一名学生说："身处繁华都市中的龟山，拥有自成一隅的原生态生境，行在葱郁的环山步道上，诗意的泉水灵动翩飞，听到清脆鸟叫声，徜徉在红彤彤的杜鹃花海，清新湿润的空气沁人心脾。"另一位学生感叹："这片山绿树成荫，环境优美，空气清新。"龟山作为武汉市重要生态安全屏障，具有涵养水源、保持水土、净化空气、释氧固碳等功能，是生态功能区和生物多样性保护优先区域，对于整个武汉市生态系统的稳定和平衡都发挥着重要作用。大家一致认为，只有保护龟山绿色生态，才能创造人与自然和谐共生的美好明天。

交流结束之后，学生们积极绘制植被分布一览图，用画笔来描绘自己眼中的绿色龟山。

学生绘制的植被分布一览图

3. 用行动保护每一片绿色。

保护龟山,从我做起。通过实地调查龟山的地理环境,学生们发现散落在草丛的垃圾、杂物,严重影响了生态环境。弘桥中学的师生们认真筹备、精心组织,积极开展了保护绿色龟山的系列活动,用实际行动为筑造绿色家园贡献自己的力量。

（1）生态保护宣讲。

学校举办了生态保护宣讲比赛,学生们提前查阅植物、岩石的资料,在龟山进行介绍、宣讲,并分享绿色生态保护的具体策略,号召更多人加入生态保护的队伍。

（2）志愿卫生服务。

由教师带队组织学生开展志愿卫生服务,前往龟山清扫垃圾和杂物。不管多累,学生们看到清扫后的龟山变得干净美丽,都不禁会心一笑。

（3）植树育苗活动。

学校与毗邻的大桥社区合作,共同建立劳动教育基地,选定适宜的地点开展植树育苗活动。学生们挥舞着铁锹和铲子,将树苗小心地埋在土壤里,也让保护生态的种子在心里慢慢生根发芽。

植树现场

（四）感悟与反思

在绿色龟山校本课程实施过程中，教师们起着引导者的作用，学生为活动主体，在实践中感悟绿色发展，将绿色发展深化于心。从实施的过程、效果来看，整体上是不错的，学生积极收集资料，认真观察、探索，踊跃发言交流。但在课程内容上还是有很多值得反思的地方。

1. 奠定基础，深度挖掘。

让学生在直接接触自然和亲身观察中获得经验和知识，选择学生熟悉的龟山，在学习过程中走出教室，探索地理环境及其与人类活动的关系，将绿色发展理念与实践活动相结合，在潜移默化中向学生灌输绿色发展的理念。带领学生去龟山野外研学，是校本课程开发过程中的第一次尝试，实施难度没有预想的程度高，实施效果也很好，为今后类似的课程开发打下坚实的基础。

2. 联动社区，共建基地。

无论是植树活动前期的基地选址，还是到植树活动中提供植树工具、指导学生植树，以及活动后对树苗的日常培育养护，都得到了大桥社区的鼎力支持。社区与学校共同建立劳动教育基地，使得龟山添绿的植树育苗活动实现规模化、常态化、规范化。

3. 做实项目，丰富内容。

经过前期的资料收集，学生们带着问题进行项目探究，有些问题在内容上需要继续规范和完善，比如在植被调查活动中只对少数植被做了重点观察，并没有对标记点的全部植被做详细记录，还存在植被记录单填写不规范的问题。

野外实践内容和保护龟山行动还有待拓展，比如在调查活动结束之后捡拾掉落的树叶，可以在室内做成植被标本，加深对植物的认识。在保护龟山行动中，由于准备时间有限，为植被制作信息牌和环境保护宣传标语的项目都没有落实。

4. 激发兴趣，勇于探索。

将内隐的绿色发展知识与绿色发展态度外化为绿色发展实践，是绿色发展观培育的最终目的。知识和实践的融合，大大激发了学生的学习兴趣。这次研学活动之后，经常有学生带着一片叶子或者一块石头来到学校，询问教师这是什么植被，什么岩石。这些都是我们在龟山实践中重点学习的内容，这样看来学生已经学会从生活中出发去学习知识、探索知识。那么面对资源丰富的龟山，除了植被和岩石，还有水文、土壤、大气这些地理要素值得我们去探索。这些内容将在后续的课程开发中被考虑。

总之，将绿色发展内化于心是本次课程开发的重中之重。学生、教师、社区都参与到这次活动中，相信这颗绿色的种子已经在大家心中萌芽、生长。

三、观历史遗迹，寻城市根脉

（一）课程价值

1. 通过探究湖北武汉汉阳龟山丰富的人文景观，了解家乡的风土人情、传统文化，培养学生的家国情怀。

2. 在探究龟山的人文资源的基础上，整理并向学生们讲述汉阳龟山上的丰富人文景观及其意蕴，培养赏析及表达能力，进行中华优秀传统文化教育，提升民族文化自豪感，建立"文化自信"。

3. 在探究龟山人文景观的过程中，加深感受和体验，特别是对龟山与琴台"知音"文化的理解与认同，引导学生尝试创作"知音歌曲"，训练学生的语言运用能力、创作能力，传承优秀传统文化。

4. 在实践中学习，在"做中学"，为学生搭建参与体验的平台，让他们在参与中获得积极体验，在体验中感受参与的乐趣，在体验中把认知、情感与行动统一起来，激发学生积极主动参与实践活动的兴趣，促进学生全面发展。

（二）案例背景

践行"绿水青山就是金山银山"理论，保护、开发、利用好武汉龟山，让龟山成为弘桥中学的幸福"靠山"。"烟雨莽苍苍，龟蛇锁大江。"龟山作为武汉汉阳地区的制高点和江汉一带的军事重地，多少年来经历过无数次的战火和创伤，山上数不胜数的楼殿宫阁、人文胜景，只能留在诗词歌赋和人们的记忆中。现在龟山旧貌换新颜，遍山林木苍翠，绿树成荫，环境优美，空气清新，被誉为"城市中心的一堵绿色浮雕"。龟山自然及人文景观非常丰富，这里诞生了无数历史传说故事，如龟、蛇二山的故事，桃花夫人的故事，蝴蝶杯的故事，《三国演义》的故事。这里有中华第一鼎，有中国第一座电视塔——龟山电视塔，山顶有禹王宫、月树亭、龙祥寺等，山南有太平兴国寺、桂月亭状元石等，山北有关王庙、藏马洞、磨刀石等，山的西面有桃花洞、罗汉寺等。

"观历史遗迹，寻城市根脉。"活动通过引导学生探究龟山独特的人文景观，从书本中走出去，在社会中、在行走中读万卷书，开阔学生的文化视野。通过广博的文化知识滋养、高雅的文化氛围陶冶、优秀的文化传统熏染和深刻的人生实践体验，涵养人文精神。人文教育涵养的过程是一个自我心灵觉解、人性境界提升的内在生长和文化生成的过程，是一个知行统一的过程。

在"人文龟山"的探究过程中，通过任务驱动"寻找龟山之最——讲述感受和体验最深的人文景观"，主题情景引导，激发学生学习、探究的兴趣，在小组合作、探究问题的过程中培养学生的人文素养。

（三）案例内容

1. 龟山人文景观调查与统计。

当我们走近龟山，看那龟山前临浩浩长江，北揽一衣汉水，西与月湖相倚，南和莲花湖相依，盘踞于武汉市汉阳城北。毛泽东有词云："龟蛇锁大江。"其威武壮观之势由此可见。

我们发现这里不仅花草树木丰茂，人文观景更是数不胜数。龟山远在唐宋时期已擅园林之胜，明清之际，登山游赏更盛极一时。这些人文景观因何而来？有什么意蕴呢？让我们一起来寻访，探个究竟。

为了激发学生们的兴趣，我们以"观历史遗迹，寻城市根脉——讲述感受和体验最深的人文景观"为任务驱动，分组进行实地探访，并辅助学生查阅相关文献资料，结合自己的观察和体验，整理分析相关资料，提炼探究成果，形成《龟山文物汇编》和《龟山故事汇编》。

2. 龟山故事传天下。

"我把龟山故事讲给世界听"，要讲好龟山故事，需要引导学生大量查阅文献，并深入探访龟山人文景观，加强切身体验与感受，并以生动的方式进行讲述。

（1）龟山最古老的传说——"龟山"之名的来由。

学生1：大家可知道"龟山"之名因何而来？

相传大禹治水于此，数载未能将这一水怪制服，后幸得灵龟相助，治水取得成功，灵龟化为一山。在《禹贡》一书中记载，龟山原名"大别山"，后由于东吴大将鲁肃衣冠冢在此，于是改为"鲁山"，并沿用至明代。明朝的皇帝极其尊崇玄武，并封玄武为帝。玄武又似龟形，这吸引了时任湖北巡抚王俭的注意，于是他奏请朝廷将鲁山改名为"龟山"，得到朝廷的批准。

民间传说，大禹治水沿黄河南下到达长江边的龟山上，见江水奔腾，万物复苏，而回顾北国尚在千里冰封、草木干枯之季，于是感慨："一山隔两景，真大别也。"这是关于大别山名的又一说法。

龟山另一古老名称为大坟。相传中国战国时期的大诗人屈原曾在龟山披发行吟"登大坟以望远兮，聊以舒吾忧心"。据郭沫若考证，歌中所说的"大坟"，即今龟山。

与龟山隔江相对的黄鹄山蜿蜒如蛇，又名"蛇山"，位于武汉市武昌区长江南岸边，与龟山隔江相望。

讲好故事并不容易。教师带领学生先从龟山之名进行探究，再深入到龟山的其他人文景观。关于龟山之名的来历，历史上有很多说法，蕴含着丰富的人文故事资料，在搜集资料的基础上分析、甄别，并能用自己的语言进行生动讲述。在此过程中，教师引导学生借助图片，做成PPT，增强故事的形象性。

（2）龟山最美丽的爱情故事——蝴蝶杯的故事。

学生2：我给大家讲一个龟山最动人的历史故事——蝴蝶杯的故事。

明朝崇祯年间（1628—1644），在龟山石洞居住着胡彦和胡凤莲父女俩，他们相依为命，靠撑小舟撒网捕鱼为生。有一天，父女俩捕到了娃娃鱼，想把它拿到龟山集市上售卖，娃娃鱼一时成为男女老少争相观赏的珍稀之物。时任湖广总督卢林的公子卢世宽带着家丁游龟山，见此鱼起了歪心，示意家丁强夺，并诡称为他亲娘放生之物。胡彦上前争执，惨遭众家丁毒打。此时恰逢湖广江夏县令之子田玉川在龟山游览，闻听人声嘈杂，近见卢世宽的家丁施暴，上前劝阻。卢世宽仗势欺人，口出恶语，将胡彦毒打致死，抢走了娃娃鱼。田玉川路见不平起义愤，挥舞拳足，将卢世宽当场打死。

湖广总督卢林闻报爱子被打死大怒，下令封锁水陆两路，派兵搜查龟山，田玉川混在游龟山的人群中逃至岸边，见到胡凤莲的渔船离岸不远，他急切之中藏进船舱里。官兵逼近江边，要求搜船，胡凤莲急中生智，拍着父亲的尸体，向官兵哭诉伸冤，骗过官兵救了田玉川。

二人深感患难相交，情意绵绵。分别时，田玉川将传家之宝蝴蝶杯赠送给胡凤莲，作为定情信物，让她去县衙告状，为父鸣冤。

卢林因捉拿田玉川无着，转而欲斩其父田云山。胡凤莲闯入大堂，据理而争，田云山于是得救。

田玉川逃脱追捕后，胡凤莲揣着蝴蝶杯四处寻找他的下落。二人对爱情忠贞不渝，信守不移。一天，两人在龟山的泉水边相遇，惊喜交加，正在叙旧之际，卢林据密探的报告，派兵包围了龟山，二人捧着蝴蝶杯，双双跳入泉水中。一声巨响，蝴蝶杯玉碎，从杯中飞出一对彩色的蝴蝶。从此，这眼泉水便正名为"蝴蝶泉"。

蝴蝶杯的故事有不同的文学表达形式，既有历史故事，也有戏曲和电影。因此，学生们要有一个全面的了解，然后根据自己的理解讲好故事。学生们采取视频剪辑的方式，对戏曲《蝴蝶杯》和电影《蝴蝶杯》进行精剪，作为故事铺垫，增强故事的感染力。这一过程中，学生们了解与此相关的曲艺及影视艺术形式，开阔了视野，同时锻炼了语言表达能力。

（3）龟山最大的鼎：中华第一鼎——鼎园。

学生3：同学们，你们知道中国的中心在哪里，武汉的中心在哪里，汉阳的中心在哪里吗？据说中国的中心在武汉，武汉的中心在汉阳，汉阳的中心在龟山，龟山的中心在鼎园，而鼎园的中心置有一个青铜大鼎。

这个鼎园由牌坊、九级石阶、阴阳八卦和麻石台座组成，鼎置于台上，重6.5吨，高5.2米，宽4.5米，上面铸有三国故事的浮雕，说的是魏蜀吴三国，三分天下，成犄角对峙之势，堪称中华第一鼎。

想当年孔子登泰山而小天下，我们今天在这里"问鼎"天下！

这个故事由龟山"鼎园"之鼎的介绍进行扩展，延伸到孔子登泰山而小天下，充实了故事的人文内涵。

（4）中国第一座电视塔——龟山电视塔。

学生4：大家可知道中国第一座电视塔在哪里吗？它，就在我们眼前——龟山电视塔（全称湖北龟山广播电视塔）。龟山电视塔是中国第一座电视塔，坐落于武汉市汉阳龟山之巅、长江和汉江的交汇处，与黄鹤楼遥相呼应，脚下是晴川阁和万里长江第一桥——武汉长江大桥，身后是"三楚胜境"之一的古琴台。这座塔是我国的设计人员在没有可借鉴和参考经验的情况下，自己设计和施工的国内第一台钢筋混凝土广播电视塔，是一个集发射传输、观光旅游等多功能于一体的电视塔，有"亚洲桅杆"之称。该塔于

1981 年 12 月 16 日破土动工,1986 年 6 月竣工投入使用。塔高 221.2 米,海拔标高 311.4 米,相对高度 280 米,就高度而言,建成时居全国之首。电视台于 1986 年 12 月正式对游人开放。

龟山电视塔

学生在讲述时配合图片,做成视频和 PPT,在播放 PPT、视频的过程中进行讲解,很具有震撼性。这个故事的讲述能够引发学生的自豪感,加深热爱家乡之情。

（5）最动人的传说故事:知音故事。

学生 5:对,在这里我们可以仰观我国的第一座电视塔,还可以俯视古琴台,那可是高山流水觅知音的地方。我认为龟山最动人的莫过于"知音"故事了。传说先秦的琴师伯牙一次在荒山野地弹琴,樵夫钟子期竟能领会这是描绘"峨峨兮若泰山"和"洋洋兮若江河"。伯牙惊道:"善哉,子之心而与吾心同。"钟子期死后,伯牙痛失知音,摔琴绝弦,终生不弹。

自古知音难觅,到了武汉,到了汉阳琴台和龟山,我们便是知音,也让我们把知音故事传遍天下!

知音文化是武汉特有的资源,起源于伯牙子期的传说。"高山流水"的知音故事在世世代代的流传中,"知音"一词的词义不断得到延伸和扩张,已泛化为友情、亲情、爱情。知音文化既是音乐文化,更是情感文化,知心重情和诚信是这一文化的灵魂。

武汉最有影响力的故事可能就是这个知音故事,在讲知音故事的时候,教师要引导学生讲出深意，讲出知音的文化内涵。为了使讲述生动有趣，建议采用视频故事的方式，以音乐来增强故事的感染力。

3."高山流水"我的歌。

在引导学生实地探究、体验、感受的基础上，要求学生对相关人文景观进行梳理，查阅相关文献资料，并进行吸收、消化，转化为一种自己的表达。在此基础上，再引导学生尝试进行诗歌的创作，进一步提升其表达、创作能力。鼓励学生们在班上进行交流分享。

下面选摘由学生尝试创作的两首诗歌《高山流水》，其中第一首由学生自己谱曲弹唱。

学生作品一：

高山流水

青山遥望涧水深，高山流水情深深。

一曲铿锵音韵行，触动心灵起波澜。

百转千回琴音醉，回荡天地情谊长。

高山流水情缱绻，音乐的力量，魅力天然。

琴声淋漓洒心田，高山流水情意悠然。

时光流转岁月间，高山流水情不变。

琴音结合山水韵，画龙点睛意境深。

音符跃动如飞翔，传达人间最真情。

高山流水情缱绻，音乐的力量，魅力天然。

琴声淋漓洒心田，高山流水情意悠然。

学生作品二：

高山流水

山间正日升，蓬莱半透亮，你抚琴奏一曲悠扬。

木柴载满室，承着生活之殇，袖角微醺，衣袂飞扬。

高山对流水，樵夫遇琴师，天将清风谱成了诗，方流涵玉润，

清澈灌白芷，余音袅袅，绝妙一时。

庭外草离离，枯槁换青碧，共同来到此，山河斜相倚，鸿雁携素笺，仍是清瘦旧字迹。

鸿雁已老去，素笺谁来为我寄，病榻中琴音渐弱不再续，看花开花落，数春秋朝夕，

晓知故人去，空余砚上迹。

（四）分析反思

赏龟山美景，健学生体魄；观历史遗迹，寻城市根脉。通过实地探访武汉汉阳龟山的人文景观，教师为学生创设了观察、体验、实践的真实情境，学生们耳闻目睹，浸润其中，取得了很好的人文教育效果，激发了学生热爱龟山、热爱家乡的情感。

把龟山讲给世界听，把武汉讲给世界听。龟山丰富的人文景观，既有龟、蛇打斗的传说，桃花夫人洒血而亡、蝴蝶杯中蝴蝶飞、高山流水觅知音、向警予烈士热血写丹青等故事；也有"黄鹤一去不复返，白云千载空悠悠""烟雨莽苍苍，龟蛇锁大江"等诗词歌赋。通过小组合作、竞赛等活动形式为学生搭建了学习传统文化的"脚手架"，让他们在参与中获得积极体验，在体验中感受参与的乐趣，在体验中把认知、情感与行动统一起来，引导学生学习优秀传统文化，激发他们积极主动参与实践活动的兴趣，促进学生全面发展。

着眼核心素养，培养关键能力。学生核心素养关键是能力的培养，而不是知识的传授。在"人文龟山"的探究过程中，激发了学生们学习、探究的兴趣；在人文景观的观察、体验、熏陶过程中，学生创作"高山流水"歌词，既是传承诗词歌赋，更是一种情感表达、文学表达。

由讲故事到写诗歌，对学生来说是一种挑战，特别是写诗歌，需要高度凝练的语言、充沛的情感，还要有好的形式与节奏、旋律，并非一日之功。

四、为建设美丽中国而不懈奋斗

（一）重拾生态保护的"新鲜感"

学校选择"生态文明教育"作为案例主题，源于《人民日报》的一条宣传视频。2023 年 8 月 15 日是首个全国生态日，《人民日报》视频号发布了一条名为"人不负青山，青山定不负人"的宣传视频：巴松措、伊犁草原、龙龛码头、青秀山、休宁溪洲村、齐齐哈尔克钦湖、金山岭长城、洱海廊桥、洞庭湖、黄山……南北东西，山河湖海，尽是美不胜收的生态图景！从文字注释中，我们了解到党的十八大以来，我国在生态文明建设方面取得的瞩目成就，结尾更有习总书记的寄语："人不负青山，青山定不负人"，让视频的主题得到升华。

为此，我们计划开展以"生态文明教育"为主题的班会，引导学生们了解祖国大好河山和地理地貌，用实际行动参与到生态保护中去。但班会刚发起，我们就遇到了难题：不少学生曾经在初中或小学阶段参与过"生态保护"主题相关的班会，早就对此没什么新鲜感了。"生态保护我们之前初中组织过，就是到社区捡捡垃圾、扫扫地，没什么意思。""我们还是学生，生态保护我们也做不了什么事。"更有甚者，认为"生态保护"就是写写标语、喊喊口号。

学生们对生态保护的认知还处于很浅的层次，兴趣也不大，该怎么让学生对生态保护重拾乐趣呢？又如何让学生认识到生态保护并不等同于卫生服务呢？

（二）班会筹备：利用地域优势，开展丰富有趣的实践活动

龟山是武汉的城市地理中心和标志性风景区，学校准备组织学生前往毗邻校园的龟山风景区开展徒步实践活动，既能锻炼身体，磨砺意志，又能帮助学生近距离接触大自然，对生态环境有更深入的了解认识。何不利用这次徒步活动的机会，结合"生态保护"的主题，创设丰富有趣的活动环节，为主题班会做好铺垫呢？

1. 整合视听资源，认识龟山生态。

首先要激发学生对龟山生态的兴趣。教师提问："你们知道龟山景区吗？"学生们纷纷回答："知道啊，离学校不远。""那你们对龟山了解吗？"有学生举手示意："我很熟，原来去过的。"教师追问道："那你知道这几年龟山经过改造，已经旧貌换新颜了吗？""真的吗？我好久没去了。"他一下来了兴致，"老师，我们是要去这里玩吗？"教师接着引导："对啊，现在的龟山绿树成荫，环境优美，空气清新，被誉为城市中心的一座绿色浮雕。我们一起去看看吧？""好啊！"学生们顿时来了精神。

出发前，教师顺水推舟布置了学前任务，将全班学生分为三个组，第一组负责搜集龟山地质地貌的图文资料，第二组负责搜集龟山植被的类型和特征，第三组负责下载制作介绍龟山概况的宣传片。学生们听说要外出研学，干劲儿十足，纷纷开始行动，很快就完成了任务。教师专门安排了一节展示课，让学生们展示自己的成果。学生们自由上台分享，在你一言我一语的热烈氛围下，大家对龟山的概况和生态环境有了一个基本的框架。

最终，师生群策群力，一起讨论修改，确定了观察典型岩石和植被的点位及线路。当准备工作全部完成后，我们就整装出发了。

2. 实地观察测量，探索龟山生态。

为了帮助学生们在研学过程中掌握地质地貌知识，深入了解龟山生态环境，学校邀

请地理学科教师作为研学指导教师，一起带队前往龟山景区。

我们从景区东门进入，经龟山电视塔后沿着龟山北路穿行到龟山南路。一路上我们仔细观察龟山的地形地貌，发现了多处砂岩，其中龟山南侧出现的一块土黄色砂岩引起了我们的注意。在教师的指导下，学生们依次上前用地质锤轻轻敲开表面，发现新鲜面上是灰白色的，用手触摸发现岩石是由细小的颗粒组成，大小均一，直径在 0.5 毫米左右。龟山由这些坚硬致密的石英砂岩构成，抗腐蚀，耐风化，强度大，这也就是武汉长江大桥在此选址的原因之一。一名学生听完讲解后很吃惊，感慨道："没想到这么一块平平无奇的石头，竟有几亿岁啊！"我们都被他夸张的模样逗笑了。

沿着观察路线，学生们又看到了不少常绿阔叶林，如女贞、樟树、桂花等。

（三）班会实施：交流研学感受，思考生态保护的价值及策略

通过参与龟山实践活动，学生们已经充分感受到龟山的生态之美了，对龟山的生态环境有了更深入的认识和了解。是时候开始上"正席"了。

我们组织开展了一节名为"在生态保护的新征程上不懈奋斗"的班会课，从前期开展的实践活动出发，引导学生思考、探讨生态保护的价值，了解党的十八大以来我国在生态文明建设方面取得的瞩目成就。

1. 生态文明建设关系到民族的永续发展。

首先让学生们谈谈自己参加研学后的真实感受和体会。有的学生说："我一直住在汉阳，离龟山也不远，但之前都没怎么去过。这回我和老师、同学们参加研学后，我感到很惊喜，龟山真美啊，满山都是树木，鸟语花香，环境清静优美，空气也比市区好很多，我真想在这里多待一会儿。以后我一定会多来这边游玩！"有学生接着发言："我很久以前和父母来过，但是都没什么具体印象了，只觉得一般般，这一回研学给我留下了很好的印象。特别是我们最后测量的大朴树，在景区工作人员的精心照料下长得如此高大强壮，没想到竟有 120 多岁了。我想这棵树以后能得到长久的保护，让它继续见证城市的变迁和发展。"另一名学生赞同地说："对，真没有想到学校附近竟有这样的乐土！这一趟游学，我感觉很放松，很舒服，心能静下来欣赏美景。我想我们一定要保护好这方水土，不要让这么好的生态环境被破坏掉。"

教师总结道："你们已经领略到龟山的生态之美。一城秀水半城山，龟山作为武汉市重要的生态安全屏障，具有涵养水源、保持水土、净化空气、释氧固碳等功能，是生态功能区和生物多样性保护优先区域，对于整个武汉市生态系统的稳定和平衡都发挥着

作用。这就是龟山不可替代的生态价值。"

教师接着引导:"我为你们有这样的想法而感到高兴。龟山如此秀美壮丽,离不开景区工作人员的细心养护和科学管理,他们保护了龟山的生态环境。而一座城市乃至一个国家的生态环境,更是需要科学的规划、维护和建设。这就是生态文明建设。"

接着教师将剪辑制作的视频课程播放给学生们观看,让学生认真聆听习总书记关于生态文明建设的重要讲话。

在全国生态环境保护大会上,习总书记强调生态文明建设是关系中华民族永续发展的根本大计,指出要深入贯彻新时代中国特色社会主义生态文明思想,坚持以人民为中心,牢固树立和践行"绿水青山就是金山银山"的理念,把建设美丽中国摆在强国建设、民族复兴的突出位置,以高品质生态环境支撑高质量发展,加快推进人与自然和谐共生的现代化。

习总书记强调,当前我国生态环境保护结构性、根源性、趋势性压力尚未根本缓解,我国经济社会发展已进入加快绿色化、低碳化的高质量发展阶段,生态文明建设仍处于压力叠加、负重前行的关键期,必须以更高站位、更宽视野、更大力度来谋划和推进新征程生态环境保护工作,谱写新时代生态文明建设新篇章。

通过聆听习总书记的重要讲话,学生们明白国家对于生态保护乃至生态文明建设的决心,认识到生态文明建设在民族未来发展过程中的重要地位。

2. 我国的生态文明建设创造了举世瞩目的成就。

为了让学生们了解党的十八大以来我国在生态文明建设方面已经取得的瞩目成就,教师播放了《人民日报》关于全国生态日的宣传视频,用秀美风光和具体数据呈现全国生态环境的"旧貌换新颜"。

党的十八大以来,在以习近平同志为核心的党中央掌舵领航下,在习近平生态文明思想的科学指引下,全党全国人民坚持"绿水青山就是金山银山"的理念,全方位、全地域、全过程加强生态环境保护,创造了举世瞩目的生态奇迹和绿色发展奇迹。

2013 年至 2022 年,全国 $PM_{2.5}$ 平均浓度下降了 57%,重污染天数下降了 92%。党的十八大以来,十年新增和修复湿地 1200 多万亩,湿地面积达到 8.5 亿亩左右。十年完成造林 9.6 亿亩,森林面积由 31.2 亿亩增加到 34.6 亿亩,森林覆盖率由 21.63% 提高到 24.02%。

学生们被视频中秀美壮丽的自然风光吸引住了,目不转睛地欣赏着。从他们的眼神里,教师看到了震撼和着迷。学生们情不自禁地感叹道:"这些地方太美了,我以后一定要去游玩!"教师接过话:"是啊,南北东西,山河湖海,尽是美不胜收的生态图景,让人流连忘返。为此,我们一定要继续保护好我们共同生活的这片土地,保护我们的生态环境!"学生们异口同声地响应着。

3. 为建设美丽中国而不懈奋斗。

教师给学生们介绍了习总书记提出的"五个重大关系""六大战略部署",让学生们了解国家在生态文明建设方面的方向和举措。

教师引导学生们积极思考:"你们虽然还是学生,但也有责任和义务参与到生态文明建设中,为保护我们的生态家园贡献自己的力量。那么作为中学生,你们能为生态保护做些什么呢?"

"我们要学习生态文明建设方面的理论知识!""我们可以动手参与生态保护的宣传推广活动!""我们可以去给景区游客做志愿宣讲!""我们可以请园林景区的工作人员给我们培训绿植的培育、养护方法!""对,我们学会了如何除病虫害后,就可以自己动手帮忙做树木防护了!""我们也可以去植树造林,增加绿化!""我们原来去社区参加卫生服务比较多,现在也可以定期组织去公园、景区。"学生们兴致勃勃,各抒己见,一下子就提出了很多合理可行的建议。

经过大家的头脑风暴,最终汇总如下:

①宣传生态保护。

②加强理论学习。

③保护自然资源。

④参与志愿服务。

⑤关注前沿发展。

最后,教师做了班会课的总结:在生态文明建设的新征程上,我们携手同心、不懈奋斗,为建设美丽中国,建设人与自然和谐共生的现代化贡献自己的力量和智慧!

这次主题班会圆满结束,课后教师给学生布置了课后任务:请每名学生从汇总的生态保护策略中选取一种,利用空闲时间动手参与,可自主组队,最后在班内分享展示活动成果。

(四)在体验中感悟,从感悟中升华

这次班会,我们创设了真实的情境,让学生在体验中感悟,从感悟中升华,实现了"体验—感悟—升华"的层层递进。

我们创设真实的情境，让学生在实践活动中体验龟山的生态之美。通过让学生搜集图文资料，剪辑制作视频，绘制活动点位、路线，从筹备阶段就给学生带来视、听、写的多重体验，为学生创设真实的教学情境，使学生能很快就自主参与到课堂准备中。接着，我们带领学生前往景区观察测量，将教师讲解示范和学生动手测量相结合，让学生在近距离体验中产生共鸣，真切感受到龟山生态之美。

我们注重引导学生感悟龟山不可替代的生态价值，了解保护龟山生态的重要性。通过组织学生访谈、交流自己参加研学活动后的真实感受和体会，引导学生自主思考、总结，肯定龟山作为生态功能区和生物多样性保护优先区域对于维持城市生态系统稳定和平衡的重要作用，以此感悟保护龟山、保护生态的重要意义和价值。

我们从学生的感悟出发，升华主题，鼓励学生用实际行动践行生态保护。我们结合习总书记的讲话精神开展班会，既激发了学生的主观能动性，又升华了班会主题，让学生认识到生态文明建设是关系民族永续发展的根本大计，激励学生自主思考如何从自己做起保护生态环境，鼓励学生携手同心、不懈奋斗，为建设美丽中国贡献自己的力量。

在这样的设计和实施中，班会教育的效果得到了极大提升。

后记

体验式教育，让教育自然发生

随着体验式教育实践的深入与拓展，我们愈发感受到其独特的魅力和深远的影响力。此书，不仅是对体验式教育理念的一次系统梳理，更是一场心灵的旅行，能让我们再次深刻体会到体验式教育所带来的变革与成长。

体验式教育，其核心在于"体验"。它倡导学习者通过亲身参与、实践感知来获取知识与技能，无疑是对传统教育模式的一次有力挑战，它要求我们重新审视教育的本质，将关注的焦点从"教"转向"学"，从"知识传授"转向"能力培养"。

武汉市弘桥中学历经三个"五年计划"，从体验式德育，到体验式文化，再到体验式课程、"五育"融合体验式课程，从理论到实践，不断拓宽对体验式教育的探索。体验式教育的深远影响不仅仅体现在教学方法的革新上，更在于它对学生全面发展的促进作用。通过近 15 年的体验式教育实践，弘桥学子愈发自信阳光、勇敢坚毅。教育在自然发生，学生在实践中亲身体验知识的运用，更深刻地理解知识，提高了学习的积极性和主动性。同时，学生在面对实际问题时能够灵活运用所学知识，提出切实可行的解决方案，提升了学生的创新思维和实践能力。

展望未来，我们坚信体验式教育不仅仅是一种教学方法的革新，更是一种教育理念的升华。它所倡导的以学习者为中心、注重实践与体验的教育理念，将引领我们走向一个更加开放、多元、富有活力的教育时代。在这个时代里，每一个学习者都能找到适合自己的学习方式，每一个教育者都能发挥出自己的最大潜能，共同创造出更加美好的未来。

本书一共三章十七节。作者编写分工：第一章为柳阳、杨华、吴忠勇、王乔、李良；第二章为柳阳、王乔、华倩、李良、杨华、吴忠勇、邹家欢、郭玉娥、尚建；第三章为柳阳、郭玉娥、韩乐、吴迪。作者都是弘桥中学的一线教师，本书内容是老师们近 15 年体验式教育实践的心得之作。感谢课题组的每一位成员，包括杨柳、李霓霞、秦静雅、文思思、钟志敏、李凤萍、齐凤玲、万丽、刘思源、张乐迪等老师的参与和支持。大家始终抱着对体验式教育的坚定信念，一同奋斗，推动体验式教育在德育、教学、课程等全方位落地，每一个星夜兼程的日子都永远值得怀念。特别感谢关心学校发展的湖北大学靖国平教授，他就像旅途中的一盏明灯，总是在最迷茫的时候给我们指引。感谢一直关心弘桥中学发展的各级领导和朋友，大家的支持与爱护是我们努力前行的不竭动力。

此刻，随着此书的完成，我们内心的激动与期待之情难以言表，期待着更多的教育者能够加入到体验式教育的实践中来，共同探索教育的无限可能，期待着每一个学习者都能在体验式教育的滋养下茁壮成长，让教育在体验中自然发生。

本书编委会